OUVINDO VOZES

GUS LANZETTA

OUVINDO VOZES

Como criar um podcast de sucesso
e ainda ganhar dinheiro com isso

🪐 Planeta

Copyright © Gus Lanzetta, 2021
Copyright © Editora Planeta do Brasil, 2021
Todos os direitos reservados

Organização de conteúdo: Fernando Barone
Preparação: Thiago Fraga
Revisão: Juliana Welling e Nine Editorial
Diagramação: 3Pontos Apoio Editorial
Capa: Maria Julia Moreira/Tereza Bettinardi

Dados Internacionais de Catalogação na Publicação (CIP)
Angélica Ilacqua CRB-8/7057

Lanzetta, Gus
  Ouvindo vozes: como criar um podcast de sucesso e ainda ganhar dinheiro com isso / Gus Lanzetta. – São Paulo: Planeta, 2021.
  160 p.

  ISBN 978-65-5535-366-2

  1. Podcasts 2. Arquivos audiovisuais I. Título

  21-1195   CDD 006.7876

Índice para catálogo sistemático:
1. Podcasts

2021
Todos os direitos desta edição reservados à
EDITORA PLANETA DO BRASIL LTDA.
Rua Bela Cintra 986 – 4º andar – Consolação
São Paulo – SP – CEP 01415-002
www.planetadelivros.com.br
faleconosco@editoraplaneta.com.br

Este livro é dedicado a todas as pessoas que me ouviram e não gostaram da minha voz.

INTRODUCTION

INTRODUÇÃO

Agora que você já comprou este livro, eu posso lhe falar (não posso, mas você pode me ler): a palavra escrita é uma péssima forma de comunicação e já nasceu ultrapassada.

Não discorde de mim! É meu nome na capa! Você não comprou um livro que prometia como criar seu próprio livro, você quer fazer podcasts. Podcasts usam a língua falada, que é muito melhor.

Por quê? Bom, leia as seguintes frases idênticas, mas para interlocutores diferentes:

Para um simpático cachorro comendo sua ração: "tá gostoso, é?".

Para uma pessoa que você seduziu e agora se encontra em um apaixonado momento de coito: "tá gostoso, é?".

Como você pode dizer que uma mídia que reproduz ambas as mensagens da mesma maneira é boa? Como você pode, por algum momento, achar que a palavra falada não é milhares de vezes melhor para transmitir uma ideia? Isso sem nem a gente entrar no fato de que em ambos os exemplos você está fazendo uma pergunta retórica, não é? (Eu sei que você respondeu "é" na sua cabeça.)

Já cheguei tentando botar banca, mas é bem capaz que você tenha comprado este livro mais pela vontade de fazer seu podcast e não tem a menor ideia de quem eu sou. Acontece.

E, como eu não sou suficientemente relevante para você comprar este livro só pelo fato do meu nome estar na capa, vamos focar nesse seu interesse por podcasts que eu estou presumindo.

Talvez seja mais uma curiosidade sua, ou talvez você goste tanto de podcasts que quer entender melhor como eles funcionam, como são feitos e quem os faz. É provável que você queira fazer seu próprio podcast – o que talvez não seja exatamente como você imaginou, mas chegaremos lá mais para a frente.

Antes de mais nada, vamos começar pela parte que você talvez ache a mais chata: falar de quem eu sou e por que escrevi este livro. Afinal de contas, você não vai escutar os conselhos de qualquer um, vai? *Vai?*

Eu nunca fui um bom aluno.

Minto. Fui um bom aluno até mais ou menos a quinta série, ou seja, fui um bom aluno durante a época em que, para sê-lo, bastava não lamber cola branca e saber escrever. Eu sabia escrever e lamber cola branca escondido, então tudo deu mais ou menos certo até aí.

Na quarta série, um colega e eu falávamos tanto e contávamos tanta piada durante a aula que a professora simplesmente desistiu de nos calar e negociou uma trégua: a gente teria cinco minutos entre as aulas para falar diante da turma e depois ficar quietos. Essa história seria ótima para abrir um livro sobre a minha vida se minha carreira na comédia stand-up tivesse dado muito certo, mas, como estou aqui, sofrendo para tentar traçar um paralelo entre essas performances escolares e podcasts, dá para sacar no que deu.

Já sei! Um pouco mais tarde, já falhando em meus deveres escolares, porém ainda me importando um pouco com o mundo do colégio (pois era o que tinha disponível no buffet da vida), eu cheguei ao posto de representante da quinta série no conselho de classes. Lá, rapidamente me tornei (não sei bem se por desinteresse da concorrência ou por pura pena) o presidente do conselho. Meu único ato memorável nessa breve passagem pela vida política foi instituir a rádio do colégio. Infelizmente, era só um aparelho de som que eu comprei com autorização e verba da escola. Nunca fiz um programa nessa rádio. Ela fazia nada mais, nada menos que só tocar música – o equivalente a criar uma playlist hoje. A rádio acabou pouco tempo depois por gerar polêmica quando a sexta série botou funk carioca para tocar. Viu? Eu tentei ter uma história que mostrasse as origens do podcast em mim lá atrás, mas não consegui. Porém, como já estamos aqui, vamos pular uns aninhos.

O ano era 2005, "I write sins, not tragedies" tocava nas rádios e eu precisava explicar para as pessoas que minha franja *sidecut* e minhas unhas pretas não eram por causa do movimento emo, mas porque eu ouvia Marilyn Manson desde os 8 anos de idade – este é o momento em que eu preciso deixar claro que meus pais me deixavam jogar, assistir e escutar basicamente qualquer coisa que eu quisesse porque era "cultura". Ninguém acreditava em mim ou se importava comigo. Para escapar dessa incompreensão (e porque adolescentes são volúveis), em poucos meses eu havia cortado o cabelo de maneira "normal" e começado a ler muito sobre videogames na internet. Foi aí que descobri algo novo que os sites de games estavam fazendo: podcasts.

Meus colegas de escola gostavam de videogames, mas não tanto quanto eu. Eles gostavam de beijar garotas, algo que eu tinha feito poucas vezes e passaria longos anos sem fazer novamente, então não tinha muitos companheiros na minha nova obsessão, que era ficar horas por semana ouvindo homens mais velhos falarem sobre videogames em um tom de importância desmedido, que, ainda bem, não é mais a norma.

No meio do ano seguinte, eu já tinha encontrado um colega que ouvia podcasts de games e eu seguia sendo um péssimo estudante (viu como era importante aquele início?).

Nas férias de julho, fui incumbido de copiar os cadernos de colegas mais afoitos em aprender. Sim, copiar os cadernos, as anotações de aula. Eu nunca vou entender por que isso parecia tão importante na época, mas fui passar as férias com meu pai, com uma pilha de cadernos para copiar e umas lições para fazer.

INTRODUÇÃO

Meu querido pai nunca caiu nessa lenda de que era preciso ser um bom aluno – pelo menos era o que eu imaginava, talvez ele já tivesse desistido de mim – e então ele me levava para o escritório todo dia e me largava na frente de um computador. Eu não sei quanto da lição eu fiz naquele mês, só lembro que não foi o suficiente (o trauma das broncas fica), mas eu tinha algo melhor: a ideia de fazer um podcast!

Eu sei que hoje todo mundo já teve essa ideia e te chamou para participar de um, mas eu tinha 16 anos, era 2006, fui chamado para escrever um livro sobre podcasts, alguma importância vamos ter que dar a esse momento... e foi dada, por isso ele está aqui, registrado neste livro. Você pagou para ler estas palavras e eu te agradeço imensamente por isso.

Era 2006. A Laurinha Lero, criadora do podcast Respondendo em Voz Alta, e o Nigel Goodman, escritor, roteirista, comediante e criador do podcast homônimo, ainda não existiam. Então quer dizer que é óbvio que eu tive um parceiro na criação do meu primeiro podcast: aquele meu colega que também ouvia podcasts. Pedro Batalha, abençoado seja! Ele vai aparecer agora neste livro, já mostrando o tipo de material disruptivo que você pode encontrar nestas páginas, mas juro que vai fazer sentido no fim. Gravei uma entrevista com o Batalha (quase um podcast, só não foi transmitido por um feed RSS) e ela está transcrita aqui para contar melhor esta parte:

▼

Gus: Batalha, este é o seu momento de aparecer.
Pedro: Ah, sim, você quer que eu fale como é que foi?

Gus: Eu acho que este é o momento da gente falar por que a gente teve essa ideia em 2006. Porque assim todo mundo que tá lendo este livro, basicamente, nem deve saber que se fazia podcast em 2006.

Pedro: E, francamente, meio que não fazia, né?

Gus: Exato! E, assim, uma coisa que a gente descobriu meio que imediatamente foi que ninguém queria ouvir podcast. Então a gente não precisava estar fazendo ele (risos).

Pedro: E no fundo, no fundo, a gente começou a fazer o Audiogame na época porque a gente tava gastando muito no telefone. Tipo, na época, ainda pagava por ligação, acontecia qualquer coisa, ligava e ficava duas horas conversando e falava "porra, a gente tá conversando há duas horas, vamos botar essa porra na internet". E a gente tava de férias... a gente tava desocupado.

Gus: Sim, a ideia surgiu nas férias de julho porque aí o primeiro Audiogame foi ao ar no dia primeiro de agosto. Claramente, uma ideia surgida nas férias.

Pedro: Eu lembro que a gente teve (acho que) umas duas, três conversas que foram precursoras nesse sentido de "porra, vamos gravar logo essa merda" porque a gente já tava tendo as conversas meio que no formato que virou o formato de todo podcast de games depois.

INTRODUÇÃO

Gus: De tudo basicamente: o Jovem Nerd e todas essas coisas aí.

Pedro: Exato. E aí você vai ver e, tipo, beleza. O que era essa necessidade de conversar sobre o que tava acontecendo de um jeito um pouco mais, sei lá, diferente.

Gus: Eu acho que é muito interessante. Eu não tinha pensado sobre isso, que é o fato de que a gente já tava absorvendo informações nesse ritmo da internet. Então a gente precisava conversar. Tipo, todo dia tinha um assunto novo. No caso, sobre games. Todo dia a gente tinha, tipo, notícias novas que a gente tava vendo na internet. Só que a gente não tinha onde conversar. Ninguém tava usando Twitter ainda, e não era nesse ritmo frenético que a gente usa. E aí, basicamente, era isso. Você tinha que ligar pra outras pessoas pra falar com elas, ou falar no MSN (...)

Pedro: Falar diretamente... E falar por texto sempre foi uma coisa que era mais engessada.

Gus: Exato. Não dá vazão pra quantidade (...)

Pedro: Acho que mesmo o Twitter na época. Eu fui ter conta em 2007, acho que era...

Gus: A minha primeira foi a que eu tenho até hoje. Era do Audiogame, eventualmente virou a minha depois. Eu acho que 2006 ou 2007. Mas, mesmo assim, não era um bagulho que é como é hoje, parte da vida das pessoas.

Pedro: Não tinha formato, cara. Tipo, "pô, fui comer um sanduíche".

Gus: E você não tinha seguidores o suficiente pra interagir com você. Você foi comer um sanduíche, "pô, legal". Que bom, fiquei sabendo que o Batalha comeu um sanduíche. Fico feliz de saber que ele não tá passando fome (risos).

Pedro: Algum dia, quem sabe, eu vá lá e pergunte pra ele pessoalmente como é que foi o sanduíche. Que sanduíche era esse.

Gus: Era tipo um Fotolog. Tipo, "ah, que bom que você foi numa fazenda no fim de semana. Eu te pergunto sobre isso na próxima vez que a gente se ver". (risos).

Pedro: Era muito mais esse registro pra família, pros amigos, né? Essa coisa de "ah, beleza. E aí o que você tá fazendo?".

Gus: Exato. E essas pessoas ainda tinham uma pequena sensação que a gente aprendeu a ignorar de tipo, "mas por que eu me importo?".

INTRODUÇÃO

Pedro: Tá me seguindo, então por definição você se importa.

Gus: E você não tem que se importar. Você tá acordado, tá no celular ou no computador absorvendo o que todas as pessoas estão postando. É só, tipo, "ok, ok. Eu preciso saber o que mais pessoas estão pensando, fazendo e comendo neste momento".

Pedro: É. Era isso. Ainda não existia essa "cacofonia". Todo mundo participando de tudo o tempo todo.

Gus: Eu acho que por isso que as pessoas não gostavam do podcast. Porque eu lembro que a gente gravou e aí o primeiro lugar que a gente foi divulgar foi nos fóruns de games. Tipo fórum Uol e tal. E aí a reação que todo mundo tinha era de "não, mas eu já li essas notícias, por que eu vou ouvir vocês falando?". E aí você ficava "não, não, não... é porque você quer ouvir o que a gente pensa sobre isso" (risos). E todo mundo ficava tipo, "não, eu não me importo". E aí hoje em dia não, você realmente quer saber o que todo mundo pensa sobre tudo. E aí o podcast faz sentido nesse ecossistema.

Pedro: Porque é isso, né? A gente fazer um negócio meio... sei lá. Tinha lá o hall de notícias, o hall de assuntos, a gente ia comentando. Mas é isso: a gente não tava informando ninguém. Tipo, o público sabia já tudo que tava acontecendo. E aí meio que tanto faz o que a gente acha ou o que a gente não acha. Hoje em dia, tem um pouco mais dessa cultura, esse culto à celebridade que funciona mais de "poxa, né? Onde que o Caetano estacionou o carro?". Todo mundo sabe.

Gus: Exato. E essa coisa que antes era com a TV. Tipo, "ah, eu quero estar uma vez por semana com meus amigos de *Friends*". E agora é tipo, "eu quero estar com essas pessoas do podcast que eu ouço toda semana e o youtuber que eu vejo sempre". Essa relação parassocial foi pra internet, né? Ela tava muito na TV ainda.

Pedro: É, você não tinha isso. Hoje em dia, a galera tá "ah, tá aqui minha casa. Tá aqui o bagulho que eu recebi". Os recebidos da semana. "O que eu li hoje", "o que eu li ontem". O comentário vale mais do que a notícia nesse sentido.

Gus: E todo mundo quer ter um *hot take*.

Pedro: É isso. E nada disso tava consolidado ainda. Era uma época que era, assim, a gente fazia porque a gente tinha essa necessidade de conversar sobre aquilo. E aí, basicamente, virou "vamos fazer. Vamos pegar esse bloco de horário pra gente conversar sobre isso e vamos jogar pra ver o que as pessoas acham". Geralmente as pessoas achavam que a gente era tipo uma A Praça é Nossa falando sobre games.

Gus: (risos) E eles não estavam errados... Porque a gente não sabia o que tava fazendo. Eu tinha 16 anos, você tinha 18.

Pedro: Papagaiando, né? Papagaiando o que a gente via na gringa.

Gus: Exato. Exatamente. A gente tava só tipo assim: a gente quer fazer igual.

Pedro: Inclusive com os mesmos takes. Era quase que uma dublagem. Versão dublada, tropicalizada do que a gente ouvia.

Gus: E aí, com o tempo, começou a virar uma coisa mais própria. A gente decidiu que precisava trazer os nossos amigos pra isso. A gente cooptava qualquer pessoa. Se a pessoa passou mais de dois minutos perto da gente, a gente já virava "você não quer gravar um podcast?".

Pedro: "Você já jogou videogame alguma vez na vida?"
"Ah, então, teve uma vez que eu joguei Snake no celular..."
"Pô legal, você é superqualificado pra falar do assunto, não tem problema."

Gus: Nós vamos dar um palco pra você.

Pedro: Palco tal qual...

Gus: ... tal qual de, tipo assim, as 60 pessoas que ouviam.

Pedro: Mas é isso, né? Hoje você tem o Twitch, você tem vários canais pra isso. Na época, você tinha que explicar toda vez o que era o tal do podcast. "Cara, então, sabe o iPod?"

Gus: Sim, era a primeira coisa. Tipo, o nome vem do iPod. E aí a pessoa: "ah, mas eu não tenho iPod". E você "calma, tá tudo bem, você ainda 'podcast'". "Você baixa o MP3 no seu computador e dá play no Windows Media Player". Porque as pessoas não tinham o Macintosh na época. Não era moda.

Pedro: Não tinham. Não era moda, quase nada era moda. Não era moda falar de comida, não era moda tirar foto do que você tá fazendo, não era moda selfie.

Gus: Não era moda falar de games. Era muito mais nicho do que é hoje.

Pedro: Quer dizer... se você conseguia trocar duas palavras sobre games na época, pô, que legal. Tipo, trocando duas ideias com o maluco lá, esqueci qual era o nome do evento... da EGS Brasil [Eletronic Game Show Brasil]. Os moleques ficavam aqui até não sei que horas e aí (...).

Gus: Exato. A gente ganhou ingresso liberado pro resto dos dias porque: "ah, esses garotos têm opinião". E hoje em dia todo mundo é isso.

Pedro: Todo mundo tem opinião.

Gus: Todo mundo tem opinião, e isso que é o mais louco, na verdade. Eu tava vendo isso também que a gente começou o Audiogame em primeiro de agosto de 2006. E, em menos de um mês, o simples fato de que a gente tinha opiniões, o podcast virou parte do Uol (risos). Ele começou a sair no game hall lá do Uol Jogos. E aí, tipo em dois ou três meses, a gente foi chamado pra escrever na *Super Dicas PlayStation* só porque existe uma falta de pessoas com opinião sobre essas coisas.

Pedro: Você colou lá. Você começou a falar com o Orlando [Ortiz, jornalista que trabalhou nas revistas de jogos e tecnologia da editora Futuro na época]...

Gus: Então, eu conheci o Orlando na época que a gente foi no EGS, e aí no dia que o Wii chegou, a gente decidiu colar lá.

Pedro: Foi. Aí os caras ficavam em dúvida de quem ia ganhar o apelido de Harry Potter lá na EGS porque a gente era igual, né? Dois homens brancos de óculos. Harry Potter.

Gus: Eu tinha um problema no joelho e tinha que andar de bengala. E eu ganhei uma corrida nesse evento, pra mostrar o quanto o nerd é despreparado. Eu, mesmo de bengala, ganhei uma corrida. Aí, eu mantive essa relação que, na época, era por MSN e DM de fóruns e tal. E aí eu soube que o Wii tinha chegado. Era tipo uma ou duas semanas antes do lançamento de verdade. Virou a grande coisa. A minha grande desculpa foi que eu tinha conseguido uma cópia do Windows Vista e do Office novo, pirata, e aí eles tinham a *PC Mag*, e aí eu falei assim "eu levo os bagulhos pra *PC Magazine* pra vocês poderem escrever, só que você deixa eu ver o Wii". Aí a gente foi e viu o Wii, e o Guerra, que era o editor da *Super Dicas PlayStation*. Ele tinha ouvido já algum Audiogame e falou "vocês não querem escrever pra gente?". E a gente "claro! Sim...".

Pedro: Eu tava lembrando esses dias, na época o Guerra já falava dos rolês de esportes e o caramba, mano. Você vê o que virou isso hoje. E o cara tá lá na ESPN. Mano, eu acho isso fantástico, o quanto aquela época tava tudo assim, pré-fervura.

Gus: Sim, é muito embrionário. Eu lembro que um pouco depois dessa época, da gente ir nos primeiros WCG [Word Cyber Games], sabe? Que era tipo torneio de Fifa e CS, por que não tinha LoL ainda.

INTRODUÇÃO

Pedro: Não tinha nada. Era tudo mato.

Gus: Ótimo. Que tal uma questão que você já levantou. A primeira questão, pra você ver que as coisas mudaram, mas nem tanto, Batalha. O que é um podcast?

Pedro: Hoje eu acho que tem algumas diferenças em termos de formato, mas eu ainda acho que o podcast é uma conversa. Ele é esse diálogo, ele tem que ter esse vai e volta, mesmo que seja um podcast de ensaio, de ficção, mais estruturado, menos estruturado; eu acho que ele sempre é essa coisa de você trazer pra intimidade, de você trazer essa proximidade da conversa mesmo. Escrevi um bagulho e tá aqui o bagulho, sei lá. Vamos contar uma história. É sempre essa coisa mais de conversa mesmo porque é uma coisa que eu acho que o rádio sempre teve e a TV foi perdendo um pouco. Rádio sempre pareceu mais próximo, você sempre pode ligar lá na rádio, pedir uma música.

Gus: Exato, porque eu acho que essa coisa da intimidade que você tá falando tem a ver também com o consumo, que é tipo o podcast, tal qual o rádio. Durante muito tempo foi fone de ouvido, ou até mesmo dentro do carro, quando você tá indo de um lugar pro outro. E a TV teve um pouco esse papel da TV ligada ali enquanto você lava a louça e tudo mais, mas sempre foi menos móvel, porque a TV portátil não pegou. Lembra que tinha? E aí o podcast tá dentro da sua rotina. Companhia pra esses momentos. Tipo, tá ali no ônibus e tal, tá dirigindo, tá lavando uma louça. E aí realmente traz isso.

Pedro: Eu acho que como tem essa tendência também de... acho que hoje se falar de "distanciamento" tem outro contexto, mas ele era um jeito de você aproximar também. Tipo, você tá lá fazendo nada, e aí "pô, deixa eu ouvir uma conversa". Apesar de que dizem que o bom seriado você deve conseguir ouvir e não assistir, e o bom filme você deve conseguir ver sem ouvir, o podcast é essa coisa de "pô, ouve aí que você vai aprender". Você vai absorvendo isso de outro jeito.

Gus: E isso é uma coisa que eu sempre tenho na cabeça e que ficou pra mim quando a gente foi na abertura da primeira IGS Brasil [International Game System Brasil] em 2004, porque quem tava lá? O ministro da Cultura, então, Gilberto Gil, e ele falou uma palavra que nunca saiu da minha cabeça e do meu coração que é "infotenimento". E aí eu acho que o podcast hoje é uma ótima fonte de infotenimento.

Pedro: Total. E é pra você ver a diferença que faz você ter pessoas importantes numa posição de poder.

Gus: Sim. E pessoas que entendem o que elas fazem, a importância da cultura.

Pedro: Gilberto Gil sabia de videogame porra nenhuma, mas ele tinha uma ideia de que você consegue transmitir conhecimento de várias formas. O podcast tem essa coisa da aura da tradição oral, de você contar a história, de sentar ali em volta da fogueira, de conversar ao telefone, fofocar na praça da cidade, que sempre foi uma coisa muito presente em comunidades relativamente pequenas. Se você for pensar, o nicho que era quem gostava de games, tinha lá, sei lá, 15 mil pessoas na época.

Gus: Hoje em dia 15 mil pessoas em uma final de um esporte em algum lugar.

Pedro: O esporte que é o Free Fire. Sei lá o que é que é isso, tá ligado? Mas é o maior bagulho do mundo.

Gus: Pelo que eu entendo, ele é tipo um CS? É tipo o que a gente jogava na lan house, mas é agora.

Pedro: É tipo um CS. Tipo um programa de rádio só que no seu iPod (risos).

Gus: E aí, eu tenho uma pergunta aqui. A próxima pergunta que existe na estrutura do livro é: por que fazer um podcast? (...) no seu caso, que é você, diferente de mim, se livrou da prisão que é a necessidade da atenção de terceiros, de certa maneira. Você não tá aqui tentando escrever um livro sobre os podcasts que você fez. Eu faço dois podcasts por semana, que é menos do que os cinco que a gente já chegou a fazer.

Pedro: Quando eu falo pras pessoas, tipo, tô lá no trabalho, trabalho hoje numa multinacional, quando eu fui fazer a dinâmica de grupo [para conseguir a vaga de emprego], os caras "beleza, conta um pouco da sua história". E aí você começa: A, B, C, D... e aí tinha o podcast, isso em 2013. Dois mil e treze ainda não se sabia o que era podcast e eu já tinha parado de fazer.

Gus: Você já tava à frente.

Pedro: Era outra pegada. Tipo, hoje a minha empresa começou a pensar em fazer um podcast. Então é o tipo de coisa que eu penso muito. O que é essa validação? Por que você tem que fazer? Mas eu acho que também tem uma questão que é de você se expressar mesmo. Tem uma coisa que é assim, muita gente tem medo de falar em público. Acho que muito do que a gente foi construindo, do que eu fui aprendendo fazendo esses podcasts, eu uso até hoje. Quer dizer, faço apresentação, monto um argumento, estruturo um negócio. Quer dizer, ter essa capacidade de conversar, de entrevistar, de ir extraindo mais de um assunto, é uma coisa que eu faço até hoje. Quando eu tô fazendo meu trabalho mesmo, de consultoria, de gestão de projeto, tem muito isso de "beleza, como é que eu vou montar isso? Como é que eu vou estruturar?". Também faz a conversa não ficar chata, não ficar enfadonha.

(cai a conexão)

Gus: O que a gente tava falando?
Pedro: Dessa necessidade de validação, do palco da coisa.

Gus: É.
Pedro: É uma coisa que eu sinto falta, mas assim, te falar, eu nunca senti falta de publicar. Eu sinto falta da conversa mesmo, saca? Tipo, sentar e conversar, pra mim, uma semana, duas semanas, uma vez a cada mês, sei lá, qualquer coisa assim, acho que faz falta. Agora, o que as pessoas acharam, o grande público, os meus números, isso sempre foi muito mais a sua praia. Eu acho que muito por isso você continuou. Escrevendo, continuou fazendo. Eu já fui buscar outras validações nesse sentido. Se você pensar o que eu tava fazendo até agora, que é gestão de projetos, transformação digital, grandes corporações e o caralho a quatro, o momento do palco, o momento dessa apresentação final de você ir lá e começar o negócio eu sempre acho legal. Mas interagir com o público pra mim é sempre muito mais um ponto de partida pra conversa do que um fim em si mesmo, sabe?

Gus: Sim. Eu acho que é muito bom isso porque eu percebo assim: este livro existe exatamente porque muita gente quer saber, quer fazer o próprio podcast e tudo mais.
 Mas será que é porque a gente sente falta, ainda mais no contexto que a gente tá vivendo agora desse isolamento social, mas mesmo antes. Falta desculpa pra gente só poder sentar com nossos amigos e conversar?

Pedro: Eu, às vezes, sinto isso. E aí, eu tava ouvindo o Popcult, o único que eu consigo ouvir que você fala – porque eu tenho problema de ouvir podcast seu que é: eu conversava com você.

Gus: Ainda bem que cortou bem nessa hora.

 (cai a conexão)

Pedro: Eu tava só dizendo que eu tenho um pouco de dificuldade de ouvir podcast seu porque a gente já conversou muito sobre tudo.

Gus: A gente já gravou cinco podcasts por semana.

Pedro: É isso. E eu sempre quero corrigir, complementar, esse reflexo vem na hora.

Gus: Podcast que tem meus amigos eu também total tenho isso.

Pedro: É difícil, mas, por exemplo, o Popcult. O que é aquilo? É uma conversa sua com alguém sobre um filme que você assistiu. É uma conversa crítica [no sentido de crítica cinematográfica] que eu acho que a gente veio de uma formação, e aí vamos bater palma pro coleguinha que fez essa parte bem apesar de você ter saído [do Colégio Equipe] por uma questão sua muito mais com estrutura escolar mesmo.

Gus: Exato. É o que eu sempre falo, eu achei muito difícil e mal resolvida a questão da escola pra mim, mas parecia estar funcionando pra maioria das pessoas.

Pedro: Cara, não é nem que tava funcionando. Acho que funcionou pra você também. É que você tem esse outro ritmo. Esse outro ritmo de "beleza, terminei deixa eu fazer a próxima coisa. Eu já entendi o que você quer me dizer, eu não preciso mais estar aqui". Tem um pouco isso, eu acho. Essa coisa de você sentar e conversar sobre a coisa, que é o que todo mundo faz com os grandes seriados, né? Com essas pautas mais Game of Thrones, Dark, o seriado da vez. Acho que tem um pouco essa coisa da conversa da hora do cafezinho.

Gus: É muito legal porque eu acho que a gente viveu uma época, especialmente quando a gente tava fazendo o podcast ali ainda, que era muito sobre resgatar essa herança da crítica cultural, e a galera falava assim "ah, mas eu não vejo, não acho crítica cultural tão interessante". Porque as pessoas viam crítica cultural muito como aquele guia de compras. "Assista isso ou assista isso." E hoje as pessoas voltaram a ter uma tradição do tipo, "todo mundo tá falando de Game of Thrones e dos temas por trás disso", e a ter uma conversa mais aprofundada, de ver a crítica cultural como algo mais do que só "deveria assistir ou não". Porque a Netflix tá ali, você não tá pagando ingresso.

Pedro: É isso. Eu acho que na época era uma facilidade de acesso que vinha pela pirataria, hoje em dia foi incorporada, né? Essa coisa de "sempre vai agregando". A gente sempre teve. E aí voltando pra questão da formação, a gente teve essa formação crítica, que ensinava a pensar sobre essas coisas. Cara, eu falo pra todo mundo, o esporte preferido do colégio era discutir. Você podia discutir sobre qualquer coisa. Um colégio onde os alunos, certa vez, fizeram uma greve do apito porque uma pessoa não podia ficar tocando flauta no meio da aula. Puta bagulho absurdo. A gente tava num ambiente onde tudo era discutível. Então acho que essa formação também trouxe isso e eu acho que hoje é um bagulho que você vê. Tipo, putz, não dá pra assistir a uma droga de um filme com o Gus porque o Gus não consegue suspender aquele... Ah, a parte mais bizarra do *Diabo veste Prada* é a quantidade de recursos que se tem pra... cinto do mesmo cinto, cara, banana. Não é assim que funciona o negócio. Você ser o chato sempre da conversa nesse sentido. Mas é uma coisa engraçada o quanto isso, na conversa de bar, isso cabe em vários momentos. Eu acho que o podcast abriu isso, mas, ao mesmo tempo, acho que tem a ver com o que você falou, faltam essas desculpas. O podcast, hoje em dia, tem sido muito "ah, vamos fazer um podcast, vamos fazer um canal no YouTube, vamos fazer uma banda, um Tumblr, um blog". Acho que o formato vai mudando, mas a necessidade de se conversar sobre a coisa, de você ter uma conversa um pouco mais densa sobre algo é um negócio que a gente sente. A gente sente a necessidade de contar história enquanto bicho social, sabe? De participar, de interagir, mesmo que o outro cara vá falar bosta. E aí, não acho que é a mesma coisa, por exemplo, aquele formato ridículo da CNN que coloca o idiota conversando com outro que é idiota porque aceitou conversar com o idiota. E por isso que rola tanto o outro idiota. E aí o cara idiota acha que tá ganhando.

Gus: Exato. E, claramente, olhando pra nossa realidade, esse "ganhar" não significa nada porque quem tá mandando em tudo não é a pessoa comedida que pensou "mas eu fiz o meu ponto, eu me fiz ouvir".

Pedro: É isso, né? E eu acho que mérito nosso na época era não ter essa relação. Era de "vamos ouvir aí o que as pessoas estão achando disso". E eu acho que o assunto também era fácil porque videogame só vai pra frente. Gostou ou não gostou. Próxima pauta.

Gus: Exato. E é muito focado na novidade da semana. E aí a gente tinha a pirataria pra nos ajudar porque a gente conseguia jogar as coisas que acabaram de sair.

Pedro: Mas é engraçado, né? Porque a gente começa a fazer o negócio muito pautado na pirataria, muito pautado no nosso acesso pras coisas, mas chegou uma hora que você mesmo falou "parei de comprar, parei de baixar pirata. Parei de fazer isso porque isso é uma coisa importante pra mim e pra o que eu tô fazendo".

Gus: Existia uma certa sensação de que por mais que fosse, assim, era um alvo muito pequeno nichado, mas a gente tava com um papel de estar falando pra outras pessoas. A gente faz parte disso aqui de certa maneira e a gente não quer sabotar isso. E eu acho que realmente tem isso no geral, porque mesmo podcasts que não são tão claramente uma conversa... tipo, o Projeto Humanos [podcast de conteúdo narrativo criado em 2015 que ganhou destaque nacional em sua quarta temporada, "O caso Evandro", do Ivan Mizanzuk], claramente aquilo vem de um interesse do Ivan, as primeiras temporadas eram conversas com pessoas com entrevistas de vários temas. E aí agora "O caso Evandro" é essa história que ele tinha esse interesse desde lá, a época de acompanhar o que rolou. E aí ele se vê nessa posição de "putz, eu quero falar sobre isso com as pessoas. Eu quero contar essa história pras pessoas". É claro que como ele vai fazer um podcast pra muitas pessoas. Ele fica "bom, eu tenho que fazer um trabalho jornalístico aqui, já que eu vou jogar isso pro mundo". Mas não deixa de ser um cara que se interessou muito por uma coisa e falou "bicho, eu vou aprender muito sobre isso pra poder te contar sobre essa história".

Pedro: Tenho colega, amigos meus, pessoal que foi fazer mestrado, doutorado, seguir essa carreira acadêmica e a distância que isso tem de mim, que sou uma pessoa X, Y, Z, com um perfil social, que tem todo acesso que poderia sentar e ler, não quero sentar e ler.

Gus: Tem Spotify e Netflix pra gente consumir.

Pedro: E tem uma coisa: tem um perfil de aprendizado, falando da coisa do infotenimento, que não existe ou que não é tão considerado. Pra mim, se você me der um livro didático em audiobook, show. "Você lê muitos livros?" Não, não leio e todo mundo fica estupefato. Eu ouço muita coisa, vejo muita coisa e eu faço essas conexões. Eu, pessoalmente, acho bagulho escrito meio chato.

Gus: Me incomoda muito esse endeusamento, que já é uma coisa antiga, da literatura. Se tá num livro, é bom e é correto. Tipo, a menor barreira de entrada é a mídia escrita, qualquer um faz um blog, é muito fácil você publicar um livro. Então, assim, a quantidade de livros que dizem bobagem...

(cai a conexão)

Gus: Deixa eu só dar um stop aqui pra ver se ele vai salvar o que a gente gravou até agora...

Viu? Ele apareceu aqui de uma maneira que seria mais impressionante se isso fosse um documentário... ou não, porque seria uma simples inserção de imagem, na verdade. Bom, dando uma resumida, caso você tenha se sentido compelido a pular a conversa das páginas anteriores, tudo começou com o Batalha falando as palavras mágicas "meu pai tem um microfone que pode nos emprestar".

INTRODUÇÃO

Assim nasceu o Audiogame, meu primeiro podcast. E não, não está mais on-line (e que bom)! Talvez você, meu caro leitor, seja jovem demais para saber como era crescer antes da internet, em um mundo em que não se podia gravar tudo. Era uma bênção. Desde os 16 anos eu aprendi muita coisa e honestamente não quero ficar respondendo pelo que pensava na época. Aliás, caso queira criar um podcast, esse é um momento bom para você pensar no que vai falar e se realmente quer a responsabilidade de ter uma audiência.

Cresci muito nesses quase quinze anos (até porque eu era um adolescente) e comecei a falar com muito mais gente com vivências muito mais diversas do que as representadas nos fóruns de videogame, em que eu era xingado. Eu pude ser xingado em plataformas muito maiores por muito mais gente, e dessa vez várias pessoas tinham razão, mas, ei, se estou escrevendo um livro, quer dizer que não fui cancelado e eu tenho uma audiência para ele. Eu entendo essa responsabilidade, e ela é similar à de qualquer um que grava um podcast e o coloca no ar.

Estou escrevendo este livro durante a quarentena da Covid-19. Talvez você o esteja lendo ainda durante a quarentena, não dá para saber como serão as coisas daqui para a frente. Tudo vai mudar? Tudo se manteve o mesmo? Bom, se tudo se manteve o mesmo é uma pena, mas pelo menos essa passagem serve para esta publicação ter chance de entrar em algum artigo do tipo "7 livros escritos durante uma quarentena e que você não fazia ideia de que falavam sobre isso". Estou tentando garantir a relevância desta obra de uma maneira ou de outra, veja bem.

Por falar em "estou escrevendo", este livro também tem um ghost-writer, que é, basicamente, um escritor contratado para colocar palavras na minha boca (nos meus dedos? Nas minhas páginas?). A gente pode dar o crédito de ghost-writer ao ghost-writer? Ele deixa de ser ghost assim? É assim que se sentem os deuses ao atribuir vida a alguém?

Seria legal a gente lançar uma edição do livro que mostra o que foi o ghost-writer que escreveu e o que fui eu, né? Tipo assim:

Legenda:
— *Ghost*
— Gus

Seria legal a gente lançar uma edição **do livro** que mostra o que foi o *ghost-writer* que *escreveu* e o *que fui eu*, né? **Tipo assim.**

Ao fazer este livro, eu também usei de mídias/meios. Eu usei palavras que eu pensei, digitei e sobreviveram à edição. Eu usei palavras que eu nem pensei nem digitei, deleguei ao ghost-writer, mas, como é meu nome na capa, agora EU DISSE SIM.

— Então a culpa é sua, ghost-writer. Você está de acordo com isso?
— Estou.
— Ok, então.
— Ok.

INTRODUÇÃO

Eu também usei palavras de pessoas com quem falei... na verdade, eu usei as palavras que alguém transcreveu das conversas que eu tive com essas pessoas. E a pessoa que teve que me ouvir para transcrever essas conversas é a Amanda, então eu decidi conversar com ela sobre como foi ter que me ouvir conversando com tanta gente... só que não deu tempo (pelo menos foi uma conversa a menos para ela transcrever). Desde já, obrigado, Amanda.

Me alonguei bastante nessa viagem sobre minha própria pessoa, mas acabou de me ocorrer uma outra possibilidade: talvez você não faça ideia do que estou falando aqui. Este livro pode ter sido presenteado a você por alguém que não te conhece muito bem, ou ele veio em um lote comprado num sebo, ou até mesmo foi deixado para trás pelo último morador da sua casa ou apartamento atuais. Então, agora, vamos começar do começo.

O QUE É UM PODCAST?

(Adoro poder usar perguntas em uma fonte maior do que o resto do texto, no meio do livro. Parece que deixa tudo mais fácil, mais organizado, sei lá.)

O podcast já foi descrito de várias maneiras, uma das mais populares é "rádio na internet", o que não é exatamente certo, mas também não é errado. O maior problema com essa definição – que pode ser muito útil para dar uma boa noção do que alguém que nunca ouviu falar em podcasting pode esperar ao se aventurar neste novo mundo – é o que ela implica: que podcast é um formato.

E isso confunde muita gente. Afinal, é fácil pensar no podcast como uma mera extensão do rádio, um repeteco de coisas que poderiam ser feitas ao vivo para quem acompanha as ondas AM e FM. Mas ele é bem mais do que isso: o podcast é uma mídia, propriamente dita, assim como a televisão, o jornal ou – veja só – o livro.

Uma mídia de nicho minúscula se comparada aos seus parentes mais próximos? Sem dúvida, mas isso não anula o fato de que podcasting é sua própria coisa, com sua própria audiência, com aspectos técnicos e características únicas. Ela é de nicho justamente porque *não precisa* competir pela atenção do público, já que ele procura a mídia por conta própria, uma das mágicas da coisa toda.

Antes de qualquer coisa, caso você esteja planejando criar um podcast, é importante entender bem essa distinção e dar ao seu programa o devido peso e, à mídia, o devido respeito. E se você só escuta podcast, talvez daqui para a frente consiga criar uma descrição melhor dos podcasts quando for apresentá-los a um amigo ou parente.

Agora, pelo benefício da dúvida, vamos para a explicação mais técnica e simples possível: podcast é um arquivo de áudio distribuído na internet por um feed RSS. É só isso. Uma curadoria de músicas, compilada num único arquivo MP3 que subiu num feed, por exemplo, pode ser considerada um podcast (e, sim, existem vários desse tipo). O que ficou popularmente conhecido como podcasting é produzir um programa – por vezes nos moldes dos programas de rádio – e publicá-lo via RSS com uma frequência predeterminada.

Por isso também a popularidade crescente dessa mídia: parece fácil fazer um podcast. E, se você já não pensava nisso antes, aposto que está se coçando para fazer um depois desta pequena introdução (se você comprou este livro sem pensar em fazer um podcast, por favor, me escreva para explicar o que te motivou a gastar dinheiro com ele). Ou então pode ter a vontade de fazer um podcast porque ouviu dizer que estamos no "ano do podcast" ou na "era de ouro". Sempre é o ano do podcast. O ano que vem será ainda mais o ano do podcast, a era de ouro do podcasting não parece ter fim (até o dia em que tudo acabar, é claro. E vai acontecer, não se engane)... Tudo isso impulsionado por uma cultura do áudio que explodiu nos últimos anos, especialmente por conta do WhatsApp – quem nunca recebeu uma mensagem de áudio tão longa que parecia mais um discurso, mas que ainda assim passava aquela sensação de conversa próxima justamente por ser falado? Falamos cada vez mais na internet, e, possivelmente, falaremos cada vez mais, porque a voz é o meio mais natural e orgânico que temos para transmitir nossas ideias e opiniões.

Mas ok, podcast. Voltando.

Além da facilidade aparente e da característica de "faça você mesmo" que apela a muita gente, o podcast tem, ironicamente, algo de próximo, de pessoal, na relação entre o produtor e o ouvinte. É uma forma estranhamente boa de se sentir íntimo de uma voz desencarnada que pipoca no seu celular toda semana ou a cada quinze dias.

O podcast estabelece uma relação parassocial fortíssima, fator reminiscente das sitcoms dos anos 1990 e do início dos anos 2000, que já tinham plantado a sementinha da relação platônica com pessoas e personagens como se fossem amigos de infância da audiência num nível muito mais profundo do que filmes e seriados anteriores faziam. As *situational comedies* (ou *sit-coms*), afinal, são baseadas em situações comuns à classe média padrão, fazendo com que a identificação seja quase imediata para uma parcela enorme da população consumidora dos produtos dos anunciantes.

E podcast funciona para propagar uma mensagem? Bem, minha saúde financeira com a produtora está aí como exemplo de que funciona, sim.

Pensando aqui no meu ponto de vista, com um background de stand-up para comparar: eu tive experiência com podcast antes de ter experiência com stand-up e, tecnicamente, esta é uma arte mais antiga. Porém, se você parar para pensar, as pessoas têm conversado há mais tempo do que têm feito stand-up, mas elas têm conversado consigo mesmas faz mais tempo do que elas têm conversado umas com as outras – porque a gente só começa a conversar um com o outro por conta de ter começado a conversar dentro da nossa própria cabeça. Por que, então, o podcast acaba sendo uma mídia mais interessante do que o stand-up, por exemplo? Ou este livro que você está lendo neste momento? Porque é uma forma de mídia que é para ser eu falando com você, sem um interlocutor. Então não tem ninguém que, dentro do próprio mecanismo dessa coisa que a gente está fazendo aqui, possa me impedir de fazer exatamente as coisas que você acabou de ver: garantir que o que eu estou falando é interessante, inteligível e acompanhável por alguém que não está dentro da minha cabeça. Então, quando eu estou aqui falando diretamente para você, que é uma pessoa que não existe, que é a minha imaginação de alguém lendo o que estou escrevendo neste momento, é difícil, é um desafio.

E aí, eu transformo esse trabalho em: vou sentar aqui com o meu coapresentador e vou falar para ele alguma coisa enquanto te deixo acompanhar esse processo. E ele pode intervir, pode tirar dúvidas, pode, enfim, transformar aquilo num diálogo. A partir do momento que o monólogo deixa de ser um monólogo e passa a ser um diálogo com alguém, ele pode ser mais palatável para alguns assuntos e mais fácil de fazer porque o desafio é menor. Por exemplo, quando eu terminar de escrever isto, alguém tem que ler isto e depois voltar para mim e dizer "Gus, deu pra entender" ou "Gus, não, você tem que mudar isso porque não deu pra entender". E assim se torna um processo de trabalho, de como as coisas são feitas.

Mas, se eu insiro esse trabalho no próprio produto que você está consumindo, ou seja, falo uma coisa, a outra pessoa responde com "não, mas o que você quis dizer com isso?", e aí a gente retoma o assunto, o processo se torna parte do produto que você consome, diminuindo meu trabalho e tornando processo parte do produto que você está comprando. E, porque a gente está inserido num sistema capitalista, claro, o que isso acaba gerando é menos dinheiro para o trabalhador, mais dinheiro concentrado para quem detém os meios de produção e é dono dos grandes meios de propagação de entretenimento e consumo de conteúdo. Não dá para resolver tudo de uma vez.

Se partirmos de um ponto elementar, os podcasts são, antes de qualquer coisa, uma conversa. E qual é o jeito de iniciar uma conversa? Você age como se o espectador tivesse te interrompido e te instigado a interagir com ele. É um clássico "ah, eu não vi você entrar, sente-se e ouça uma história". Mas antes disso eu tentei te vender este livro, você entrou aqui porque eu pedi. Então, se você está lendo isto, já venci. E por isso te agradeço.

Esta é a nossa relação codependente com o nosso *infotenimento* diário (sejam podcasts, tuítes ou mensagens no WhatsApp): tudo que nós consumimos, hoje e sempre, é uma mistura daquilo que queremos com aquilo que precisamos. Você nunca está só se divertindo ou só se informando. Mas nenhuma mídia abraçou tão rapidamente essa mistura quanto o podcast. Seja pela época em que ele se popularizou ou pela ótica pandêmica de isolamento social (que, aliás, afeta o autor deste livro no momento em que digita estas palavras).

Foi com a ajuda do podcast que desmistificamos os rituais da transmissão de informação. Esse processo vinha rolando desde a MTV até o YouTube e finalmente aos nossos RSS.

Pra aparecer no vídeo todo mundo se arruma, se maquia, prepara a iluminação. No texto tudo está rígido, você não tem como perceber que eu digitei isso pelado na cama espantando um mosquito. O simples fato de ser texto torna tudo tão formal porque é *despersonificado*.

INTRODUÇÃO

O podcast é a extrema personificação da mídia. Aqui estou usando podcast não só como a mídia, mas um fenômeno e uma mídia no sentido de *meio*, aquilo que é necessário para que a *mensagem* chegue aonde tem que chegar. E tem que chegar?

Mas, enfim, no podcast você tem pessoas falando sobre ciência, mas sem deixarem de ser pessoas. Você tem especialistas, pesquisadores, estudantes, trabalhadores, quem quer que seja, tomando de volta aquilo que sempre foi nosso: a conversa. A comunicação de massa virou commodity no século 20, e a gente começou a achar que falar com as pessoas era algo que você só podia fazer com o novo MacBook.

Ao criar essa mídia (por necessidade ou vontade), despia a comunicação de seus trejeitos vulgares do audiovisual corporativo das décadas que a precederam, surgiu um espaço novo: um espaço que permite o alcance massificado, mas também o despojo da vida real, assim se tornando mais um produto que podia se valer daquele intangível fator que faz toda margem de lucro sorrir, a autenticidade.

"O podcast é autêntico." E, toda vez que eu digo isso, alguém do departamento comercial (seja da minha produtora ou de qualquer empresa de comunicação) fica feliz, adiciona mais um slide a uma apresentação de PowerPoint sobre como o podcast é autêntico e a nossa máquina de fazer dinheiro continua girando!

Voltando para o que eu queria dizer... o podcast avançou mais naquilo que a TV dos anos 1990 e 2000 queria fingir que estava fazendo: transformar tudo que você vê naquele quadro "o povo fala" do jornal – aquele em que sua vizinha apareceu uma vez porque ela estava na feira e o moço da TV perguntou o que ela achava do preço do tomate.

A questão é: ao democratizar o acesso ao microfone, "o povo fala" mostrou aquilo que não interessa muito aos *impérios da comunicação*: o povo tem o que falar. Todo conhecimento humano vem exatamente deles, os famigerados humanos. Toda comunicação é, então, entre eles. Então o podcast derruba as barreiras da formalidade para permitir que a conversa volte a ser uma conversa, mesmo sendo com milhões de pessoas, pois ela é consumida massivamente, porém de maneira intimista... Assim como a pornografia em videotape, mas, enfim, todo mundo desce de coisas das quais não se orgulha.

Isso é bom ou ruim? Pode ser usado para qualquer coisa.

Um livro, por exemplo, tem a capacidade de transmitir conhecimento de quem o adquiriu por meio de experiência, assim multiplicando as possibilidades de acúmulo de conhecimento/experiências em todas as outras pessoas do mundo. Um livro também pode ser usado para dar certa autoridade às bobagens que um idiota pensou enquanto usava apenas cuecas em seu apartamento num bairro de rico em São Paulo.

E é essa ambiguidade que está no cerne do infotenimento e do podcast: você pode estar rindo daquela pessoa fazendo uma piada de peido e você pode estar aprendendo com aquela pessoa fazendo uma piada de peido. Mas pessoas são pessoas e elas fazem isto: conhecimento, piadas e peidos. E elas conversam. Isso soaria muito melhor se tivesse sido editado por alguém. (Foi editado, mas eu pedi para deixarem essa parte para parecer que não foi e que, de alguma maneira, a gente teve esse momento superintimo do meu monólogo interno rolando na sua cabeça e tal... É para fortalecer o efeito parassocial do consumo de mídias baseadas em personalidade tipo telejornal e podcast.)

Porém, apesar de tudo parecer superprático, fácil, instintivo e confortável, como usar pijama no home office, por exemplo, partir dessa impressão para fazer um podcast bem-feito, relevante e com uma base sólida de ouvintes seria um caminho extremamente tortuoso e traumatizante. Antes de mais nada, já que você insiste em ignorar meus avisos para deixar de lado essa ideia de se meter em podcasting, vamos precisar de...

CAPÍTULO 1

PLANEJAMENTO

Assim como em qualquer outro projeto para qualquer outra mídia criada pela humanidade, é preciso planejar, pensar estrategicamente no que você quer construir. Imagine se todo material disponível no YouTube fosse composto por uploads das lives aleatórias que praticamente todo mundo, com um celular e acesso à banda larga, fez durante os momentos de tédio da quarentena em todo o mundo (olhaí mais uma menção!). Quem assistiria a isso, a não ser que fosse para desenvolver um jogo de bebedeira com amigos? Afinal, de loucura caótica já basta a nossa vida, não é mesmo?

Além de conceber um mínimo de organização, também é preciso pensar mercadologicamente no seu podcast. O pensamento mercadológico é fundamental para qualquer podcast bem-sucedido, mas não porque queremos nos tornar figurões da mídia, nadando em dinheiro e influenciando direta e indiretamente o pensamento das massas, brincando de títeres da vida alheia, chegando o mais próximo de um antigo panteão de divindades, como os Marinho. Bem, isso também, mas, primeiramente, por um simples motivo: produzir um podcast tem um custo.

Independentemente do formato escolhido (vamos falar disso mais para a frente), sua ideia vai custar alguma coisa. Tempo, é claro, além de dedicação, mas a quantidade de dinheiro investido vai afetar direta e drasticamente a qualidade do seu material, além do controle que você terá sobre sua distribuição. Logo, se o projeto gasta dinheiro, ele precisa ser pensado para, no mínimo, obter aquele valor investido de volta – e talvez agora você entenda o motivo de praticamente não existirem podcasts de empresas e marcas que passem do décimo episódio.

Um dos motivos para isso ter acontecido com frequência quando grandes marcas finalmente descobriram que o podcast existia, aliás, foi não entender que ele é uma mídia de cauda longa, diferente dos seus primos distantes das redes sociais (e, até certo ponto, o próprio YouTube, mencionado antes, e o rádio), extremamente efêmeros e que se transformam mais rápido que o vírus da gripe comum. As coisas não costumam ser rápidas para um podcast, e o processo até a proverbial "engrenada" acontecer pode ser enlouquecedor de lento e difícil. Talvez ela nunca aconteça.

Para aumentarmos as chances de não morrermos na praia, é importante ser *profissional* – essa palavra mágica cheia de significado e que ao mesmo tempo não diz muita coisa. Afinal, é fácil assumir uma postura que indique profissionalismo sem fazer nada para alcançá-la. E o profissionalismo vai muito além de editar um arquivo de áudio até ele ficar apresentável.

Para planejar seu podcast, comece com a pergunta a seguir.

POR QUE FAZER UM PODCAST?

Mais uma vez, porque sou basicamente sua avó dizendo para você se agasalhar ao sair, levanto a importância de você ter certeza absoluta de que quer fazer um podcast. Pois esse podcast vai ser como um filho, exigindo de você muita energia, muita atenção e um belo pedaço do seu tempo livre. Se não for para realmente levar a coisa a sério e adiante, é melhor pensar em outra coisa mais divertida para fazer.

Sua vontade de fazer um podcast provavelmente vem de uma ideia que você teve em um determinado momento. Algo que possa guiar essa vontade de soltar áudios com frequência para que estranhos os escutem. Pense bem nessa ideia, concentre-se e responda a estas perguntas:

- Sua ideia encaixa na mídia ou tem uma forma melhor de aproveitá-la?
- Sua ideia é *boa* o bastante para sustentar um podcast?
- Alguém já usou sua ideia num podcast que existe? Se sim, você vai conseguir fazer *melhor*?

Se as respostas para elas não forem "sim", você já começa com um problema nas mãos. Mas, ei, talvez você seja um autor que está querendo dar uma ampliada na já ingrata tarefa de autopublicação e pensou em lançar contos em formato de áudio via podcast. É provável que essas perguntas nem se apliquem à sua ideia específica e você vá revolucionar uma parte desse mercado – espero que sim, pois as coisas andam meio na mesma já tem um tempo –, mas eu preciso colocar algumas travas de segurança bem cedo no processo para evitar que você perca seu tempo, se for o caso. Ou, então, perder tempo com plena consciência e sem poder me culpar mais tarde.

Isso sem falar que o mar de podcasts abandonados enfraquece e desacredita uma mídia que é uma poderosa ferramenta de descentralização da internet, que democratiza o acesso à informação e às opiniões de uma forma que portal ou site nenhum fará um dia. Não levar podcasting a sério é a mesma coisa que virar zagueiro do seu time de futebol do coração e marcar um gol contra em cada jogo do campeonato: além de só prejudicar algo de que você gosta, ainda vai deixar um monte de gente puta da vida.

Bem, você pensou bem e decidiu que sim, vai fazer um podcast da maneira correta e sua ideia dá um programa – pelo menos uma minissérie. Então vamos para a segunda pergunta.

SOBRE O QUE É O SEU PODCAST?

A inspiração para um projeto de podcast pode ser toda e qualquer coisa, desde que você pense o suficiente naquilo que te deu o gatilho inicial. Seu podcast pode ser sobre um assunto pelo qual você é apaixonado e domina (ou que está buscando dominar, levando o espectador nessa jornada), sobre algo que te fascina ou algum assunto que parta do pessoal para o geral (como o caso deste autor, por exemplo).

São possibilidades praticamente infinitas, o que normalmente deixa a tarefa de afinar seu tema, seu motor, bastante complicada. Afinal, como em qualquer outro material de consumo popular, quanto mais você conseguir se diferenciar do que já existe, mais vai chamar atenção. Depois que encontrar aquele núcleo do seu podcast, comece a pensar em maneiras de tornar aquele assunto ou a abordagem daquele assunto mais interessante, mais diferente do que você já viu por aí, remixando e reestruturando as coisas na sua cabeça.

Só não fique fritando os neurônios demais, a ponto de travar aqui: basta juntar o que você já experimentou e dar aquela repicada, caso uma abordagem totalmente original fique muito difícil (e, sinceramente, é quase impossível, na verdade). É como diz o velho ditado, "um bom artista copia, mas um grande artista rouba". Então roube. Quem cola sai da escola, sou prova viva disso.

Depois de conseguir ver com clareza seu podcast na sua mente, siga à próxima pergunta.

QUEM É SEU PÚBLICO?

Você pode ter a melhor ideia para um podcast de todos os tempos, mas, sem pessoas para ouvi-lo, não adianta nada. Quando estiver na fase de planejamento, é fundamental que você gaste tempo e a cabeça para encontrar quem exatamente é o público-alvo do seu podcast, além de como chegar nele e, a partir daí, como expandir essa audiência, garantindo que seu projeto não empaque.

É muito importante ter em mente quem e como são as pessoas que já escutam podcasts, uma vez que elas são infinitamente mais fáceis de atingir do que aquelas que você vai precisar converter a um novo formato antes mesmo de mostrar o que tem a oferecer. A pesquisa mais recente feita pela ABPod (Associação Brasileira de Podcasters), em parceria com a rádio CBN, dá um perfil do ouvinte médio de podcasts no Brasil, o que já fornece uma noção de se o seu programa tem um potencial de público que valha a pena investir mais tempo e dinheiro na ideia.

Segundo os dados levantados pela ABPod em 2019 (*yay*, estamos datando o livro! A editora vai me amar!), 72% dos ouvintes são homens (mas as mulheres estão aumentando, comparando com os anos anteriores!), 80% são cis/héteros, a maioria é solteira, com uma renda acima da média e com curso superior completo ou incompleto, com uma idade média de 28 anos. Eles costumam ouvir novos programas por indicação dos podcasters que já ouvem e têm uma preferência esmagadora por cultura pop, humor e ciência.

Ou seja, se você está atrás de ganhar uns trocos com anúncios enquanto papagaia a mesma coisa que vários outros programas que entopem a podosfera, o mercado está cheio de gente em quem você pode mirar e, sinceramente, nem precisa muito deste livro. Já se quer fazer algo realmente diferente e único, acho que tenho umas boas dicas pra você tentar superar o desafio.

Uma maneira de tentar encontrar seu povo é traduzir a ideia do seu podcast em perguntas: quais dúvidas este podcast responde? Quais são as outras preferências e interesses que gente que gostaria deste podcast têm? Quais temas que eu vou abordar combinam mais juntos? E por aí vai.

Esses pontos que você listar vão se tornar os pontos de identificação do seu público, importantíssimos para que mais de um episódio seja atrativo para o seu ouvinte, especialmente no caso de podcasts que tratam de variedades ou que tenham uma gama ampla de abordagens ao mesmo tema ou material.

Depois desse mapeamento inicial, seu trabalho será reunir essas pessoas, criando oportunidades de divulgar seu podcast em grupos já existentes, além de criar seus próprios grupos e perfis para reunir quem ouvir o que você fez e gostar o suficiente para querer saber mais, se engajar.

Quando você entender *o que* vai fazer e *quem* vai ouvir, é hora de juntar tudo isso com a sua voz própria, o seu jeito.

QUAL É O TOM?

O tom do seu programa é um dos aspectos que mais vai favorecer aquela sensação de único, de diferente, especialmente se você escolher, como eu fiz várias vezes, um gênero ou estilo saturado no meio.

É aqui que você deve pensar na linguagem que vai usar, e não estou falando só de se você vai usar gírias ou falar feito um lorde: aqui também entra a linguagem narrativa, a voz do seu programa. Você precisa decidir se ele terá trilha sonora, por exemplo. E, se tiver, será uma trilha original ou uma playlist do Spotify das suas músicas favoritas? Seu podcast será cortado em blocos ou terá mais uma cara de improviso, indo em uma tacada só até o fim, no estilo de um programa ao vivo?

O tom define o ritmo, a cadência e a impressão que seu podcast causa nos ouvintes. É, basicamente, a "alma" do seu programa, aquilo que é muito difícil de colocar em palavras – acredite, estou tentando o meu melhor –, mas é, ao mesmo tempo, facilmente compreendido quando escutamos um podcast. O tom define se você vai conseguir lidar com temas mais densos de forma leve e divertida ou se o objetivo do seu programa vai ser afundar o ouvinte numa espiral de desespero e desgraça (e, ei, nada de errado com isso, se é o que você quer).

Vale também ter em mente que, caso seu podcast possua um ou mais hosts, a personalidade dessas pessoas dita muito do tom do programa, então é preciso levar em conta como essas peças vão se comportar na produção, se elas serão mais naturais ou ganharão uma personalidade controlada e criada para transmitir tudo do jeito exato que você idealizou.

E se você for daquele tipo que precisa controlar minimamente todos os detalhes, tenho más notícias: esse tipo de coisa evolui naturalmente com o tempo e com a prática, sendo quase impossível de você "acertar" o tom logo de cara. É como nas séries de comédia, que sempre levam alguns episódios pra engrenar de vez, às vezes com alguns personagens tendo mudanças bruscas de personalidade no caminho. Quando sentimos que a série "melhorou", normalmente é quando ela encontrou seu tom.

Daqui, partimos para um momento crítico da criação do seu podcast.

DECIDINDO O TÍTULO

Esta é talvez a parte mais difícil até aqui. Afinal, o mesmo conceito de "julgar um livro pela capa" pode ser transferido para o título de um podcast. E não se engane: as pessoas julgam *super* um livro pela capa, e é por isso que a capa deste aqui é tão legal. Ou eu pelo menos imagino que seja legal, já que na minha cabeça a capa é simplesmente incrível.

É extremamente difícil traduzir tudo que você quer passar com seu podcast só com o nome do dito-cujo. É muita coisa para uma ou poucas mais palavras traduzirem para quem encontrar seu feed pela internet. Porém, é justamente nisso que você precisa mirar: quanto mais próximo da essência do seu programa seu título estiver, mais rápida é a conexão do ouvinte, e maior é a retenção de público, já que a pessoa escolhe dar o play já com uma bela noção do que a espera no arquivo de áudio.

O que pode ajudar na busca pelo nome perfeito é tentar resumir o que é o seu programa no mínimo de palavras que conseguir. E aí resumir o resumo. E resumir mais uma vez, quantas vezes forem necessárias até você chegar a uma forma inteligível, porém minúscula, de explicar seu podcast.

Tudo que você já ouviu falar sobre nomear um produto também vale para nomear seu podcast – afinal de contas, ele é um produto de áudio, não é mesmo? Digo isso porque, se for muito complicado de resumir essa essência do seu programa, nada te impede de partir para as táticas mais comuns do mercado, apelando para uma vontade ou necessidade do seu público, escolhendo o caminho mais chamativo para que mais pessoas escolham te ouvir. Não há absolutamente nada de errado com isso, e sempre é melhor deixar seus ouvintes confusos do que entediados.

Mas, pelo amor de tudo que você preza nesta vida, evite usar nomes que comecem com "pod" ou terminem com "cast" – depois de mais de uma década de história aqui no Brasil, esse tipo de recurso já foi usado à exaustão, e os poucos "casts" que sobraram foram aqueles que estão por aí praticamente desde o começo da mídia. *Podparar*, hein? E, sim, já existiu pelo menos um programa com esse nome.

Se você tiver a proeza de transformar um nome totalmente quintessencial, único e que ainda seja chamativo, aí chegamos no bilhete premiado, já que você vai conseguir:
a) uma conexão imediata com quem está atrás de algo justamente como o seu podcast para escutar; e
b) chamar atenção de um monte de gente que talvez esteja interessada no que você tem a oferecer sem nem saber direito.

PLANEJAMENTO

E é assim que você consegue ter um pequeno destaque no meio do oceano de podcasts disponíveis atualmente.

E tem um outro lado nisso tudo.

Vamos lá, seu novo podcast precisa de um nome. O que ele é? Ele é "O Podcast de Fulano", mas hoje a gente entrega tanta informação em volta do conteúdo, tantos *metadados*, que o público já sabe que é um podcast e quem fez ele.

Então o formato "O Programa de Sei lá Quem" é ultrapassado? Sim e não. Ele é, mas tanto quanto a *mídia* que ele usa: palavras. Palavras são só sons. Elas significam coisas? Não. Quando eu falo uma palavra e você ouve essa palavra, aí sim ela significa algo. Quando eu a escrevo e você lê, também. Duvida? Leia isto.

Pronto. Assim, sendo o conceito de que palavras carregam significado intrinsecamente fica ultrapassado quando tem um tanto de palavras em volta dessas palavras que podem te dar o contexto e informações que ficaram faltando ali. Exemplo: você só sabe dizer que isto é um texto sobre como fazer podcasts escrito por alguém que sabe fazer podcasts porque a capa do livro diz isso, por tudo que esta página te mostrou até agora... Enfim, assim sendo: as palavras no título do seu podcast podem ser as que você quiser porque, quando alguém ouvir aquelas palavras, elas passam a ser sobre o que você quiser.

Por isso o seu podcast pode se chamar O Novo Estrambole do Dr. Fastício. Por quê? Porque coisas novas chamam atenção, essas sílabas formam sons memoráveis, e os doutores são um tipo de autoridade que a gente não questiona porque o conhecimento deles parece neutro, mas isso é uma questão pra outro livro. Sobre o que é O Novo Estrambole do Dr. Fastício? É a respeito do que acontece depois que eu aperto o play. A partir daí surgem os estrombolers, que perguntam aos seus amigos se eles estão ouvindo o episódio daquela semana do Estrombs (porque não importa que seu título é longo e chato de escrever, o seu público vai criar uma palavra que contém ele todo em menos sons. Porque, novamente: palavras não significam nada *em si mesmas*).

E, é claro, sempre existe a possibilidade de mudar o nome do programa mais para a frente. Não é algo super-recomendado, mas, conforme seu programa vai evoluindo organicamente, talvez aquele título que você escolheu há uns cinco anos não represente mais o que o podcast se tornou. Nesses casos, o melhor a se fazer é ser bastante claro e direto com a mudança, às vezes até aproveitando esse momento de transição para mudar mais algumas coisas. Se você tiver construído uma base fiel de ouvintes, eles não te abandonarão por conta de algo tão pequeno.

Agora que você já decidiu, organizou, esquematizou e antecipou todos esses pontos que discutimos, tudo está pronto pra gravar, não é mesmo?

É... não. Ainda falta falarmos de uma parte que muda praticamente tudo no seu podcast, dependendo do caminho que você escolher: estamos falando do formato.

CAPÍTULO 2

FORMATO

O que é mais significativo do seu podcast é, talvez, o formato. Ele é a parte mais identificável do seu programa de forma objetiva, o que muita gente erroneamente chama de "estilo" e é o que pode ser a diferença entre conquistar um ouvinte (ou um grupo de ouvintes) e perder a audiência depois de alguns poucos minutos.

Formatos são quase como os gêneros de literatura, com muitos ouvintes de podcast se mantendo confortavelmente sob o guarda-chuva de um único deles ou com pouquíssima variação para outros formatos. É possível confundir tom com formato, mas eles são coisas bastante distintas que se influenciam constantemente, ajudando a moldar aquela bola melequenta feita da mistura de ideias e influências que é a matéria-prima do seu podcast.

No começo do estouro do podcast brasileiro, um único formato dominou os programas que povoavam a internet, popularizado pelo sucesso estrondoso do Nerdcast entre os fãs de cultura pop. Esse formato de "papo de boteco", ou "homens brancos ditam suas opiniões sobre o mundo" foi sinônimo de podcast por, pelo menos, uma década – isso se ainda não for o padrão de reconhecimento no *zeitgeist*.

Isso foi bastante prejudicial para o cenário nacional. Como todo entusiasta do meio, insistia em repetir o programa de maior sucesso, não demorou para que as opções do ouvinte ficassem bastante limitadas no que diz respeito à criatividade e à diversidade. O podcast ficou insuportavelmente chato bem rápido.

Por mais que o pessoal do Nerdcast tenha alavancado a popularidade do podcast no Brasil, eles também foram os responsáveis pela estagnação quase imediata, limitando o alcance, o reconhecimento e a credibilidade da mídia, que só agora começa a ser vista com novos olhos por uma parcela da população, com o advento dos podcasts jornalísticos que começaram a pipocar depois que alguém na Globo descobriu que dava para fazer virtualmente qualquer coisa de forma prática e barata via podcasting.

DEFININDO SEU FORMATO

Entretanto, há uma quantidade enorme de formatos disponíveis por aí, especialmente porque, graças à versatilidade do podcast, você pode criar um formato que encaixe na sua proposta se nenhum dos já criados e testados não te servir. Quanto mais você conseguir vasculhar na podosfera (especialmente em programas estrangeiros), mais exemplos vai ter de formatos diferentes, e eu recomendo que você experimente bastante com o que já existe antes de decidir como pretende formatar o seu podcast.

Dá para misturar formatos, pegar pedaços de vários tipos ou pirar muito e encontrar algo realmente inédito para usar. E, cá entre nós, os programas mais interessantes no ar não se conformam com um único formato, sendo uma mistura de entrevista com ficção ou game show com investigação, por exemplo. Lembre-se sempre de que não há vergonha em copiar ou se basear em um programa de sucesso para dar a sua personalidade a algo que já funciona: para ticar mais um item da lista de lugares-comuns em livros de não ficção, apelo para a famosa frase, que muitos acreditam ser de T. S. Eliot: "Bons autores pegam emprestados, grandes autores roubam".

Vou passar pelos formatos mais comuns que você encontrar por aí, comentando as principais características deles (tirando coisas óbvias, como um podcast diário de notícias, por exemplo. Quanto mais próximo do rádio tradicional, menos eu preciso te explicar, não é?). Espero que, com isso, você use melhor seu tempo na parte de pesquisa, já entendo o principal de cada um deles e podendo focar na parte mais obscura e esquisita da sua busca por referências. É bem possível que você encontre essas "categorias" divididas em mais partes individuais, mas a base de alguns formatos são tão similares que não vale a pena separá-los para defini-los. Vamos lá?

Papo de boteco ou mesa-redonda. Sim, eu sei que acabei de escrever há algumas páginas que esse é o formato mais saturado entre os podcasts brasileiros, mas, ei, talvez alguém que já vive no glorioso futuro com um ecossistema de programas mais sadio tenha pegado este livro para ler, e nunca ouviu um podcast nesse formato. De qualquer maneira, se a ideia aqui é apresentar um guia de como produzir podcasts, seria bem arrogante e errado deixar de descrever e comentar o formato mais popular no momento em que escrevo.

O formato de mesa-redonda consiste em um ou mais apresentadores que chamam um ou mais convidados para falar sobre um assunto específico. Normalmente, os episódios são temáticos e, no caso dos podcasts que abordam cultura pop, estão rigorosamente alinhados com os principais lançamentos de filmes, jogos e séries. Ainda há a possibilidade de encontrar programas sem um tema específico, bem soltos, como um papo de boteco costuma ser na vida real, mas esse tipo de programa não costuma durar muito.

É comum, apesar da aparente falta de conexão entre os episódios, que esses podcasts construam uma cultura de piadas internas, jargões e frases de efeito, sem se preocupar em contextualizar esses elementos para um recém-chegado. É justamente isso que cria a impressão de proximidade do ouvinte recorrente com os integrantes do podcast, quase que incluindo quem escuta na conversa superinformal e bem-humorada promovida por esses programas.

E, apesar de alguns podcasts convidarem especialistas em alguns assuntos para gravar episódios ou convidarem personalidades para uma conversa, não podemos confundir esse formato com a entrevista, já que os elementos-base do formato de mesa-redonda continuam presentes: o foco é incluir o ouvinte e tornar a conversa o mais pasteurizada possível para que o maior número possível de pessoas consiga se identificar com alguma parte do episódio, oferecendo as piadinhas recorrentes como uma forma de reconhecimento do clubinho criado em torno do podcast.

Entrevista. O nome é autoexplicativo, mas é importante se atentar para algumas características específicas dos podcasts de entrevista. O foco aqui *sempre* é o convidado, enquanto o tom do programa *sempre* recai sobre a figura ou o estilo do apresentador – que é, basicamente, o que torna a maioria dos podcasts de entrevista diferente entre eles. É o que torna o podcast ID10T do Chris Hardwick completamente diferente do WTF do Marc Maron, por exemplo.

Apesar da maioria dos programas de entrevista focar em celebridades, atletas ou outros famosos por qualquer motivo, ainda existem os programas de entrevista temáticos, que convidam pessoas proeminentes em suas áreas de atuação (normalmente mais ligados a empregos específicos, ciências e afins) para falar daquele assunto sob a ótica da carreira e da experiência do profissional entrevistado. É comum que redes de podcasts atreladas a emissoras, como os da BBC, RAI e Globo, tenham programas de entrevista temáticos que batam com editorias que já existam nas suas redações, como esportes, literatura, política, e por aí vai.

Documentário. Aqui entram os programas que se preocupam em contar para o ouvinte uma história (real) de forma linear, te levando pelos acontecimentos e dando a maior cobertura possível ao que aconteceu e aos motivos pelos quais aquela história é interessante para quem está escutando.

Podcasts com o formato de documentário podem ser episódicos, fechando uma história por publicação, ou contar uma história por temporada. Os temas que se encaixam no formato documental são quase muitos para se contar, já que se ele encaixa com praticamente tudo: podem ser podcasts sobre a História, como A Trivialista, ou contando histórias reais de pessoas, como o 37 Graus ou o Vozes, por exemplo.

Mesmo que o podcast tenha uma estrutura episódica, o tema dos episódios pode ser fixo, variar sempre ou seguir um determinado assunto por temporada, mesclando as modalidades. É importante se lembrar de que tudo nessa mídia é extremamente customizável para o que queira fazer: não existem limites além daqueles que você mesmo estipular.

Programas que fazem recapitulação dos episódios de uma série ou que fazem a leitura de um livro por partes também podem ser classificados como documentário, já que a estrutura é a mais próxima desses casos.

Investigativo. Nos podcasts investigativos, o apresentador do programa age como um investigador, um detetive, guiando o ouvinte pela história por meio de uma linha de raciocínio compartilhada, muitas vezes indo e voltando na linha do tempo para ressaltar detalhes específicos ou contextualizar novas informações de acordo com que elas apareçam. Esses programas podem ser confundidos com os documentais, mas as diferenças, apesar de sutis, são importantes.

Os expoentes desse formato, da data de escrita deste livro, são o Serial lá fora e o Projeto Humanos aqui no Brasil. São podcasts dedicados a investigar crimes (no caso do Projeto Humanos, a quarta temporada, especificamente, "O caso Evandro") com uma narrativa muito bem estruturada e envolvente, que deixa o ouvinte tenso, querendo saber cada detalhe da trama.

À primeira vista pode parecer que o formato investigativo serve só para podcasts criminais, mas não é bem por aí. O A Terra é Redonda, da revista *Piauí*, é um bom exemplo de podcast de ciência que aproveita o formato investigativo para criar uma sequência extremamente elaborada para derrubar cada minúscula parte dos argumentos dos terraplanistas, *anti-vaxxers* e todo tipo de negacionista reacionário do planeta. Ele é *quase* um podcast documental, mas a linha de raciocínio construída ao longo dos episódios faz ele se encaixar nesta categoria.

Ficção. Como o próprio nome diz, são podcasts que contam histórias fictícias. Mais uma vez, podemos ter uma história por episódio ou uma história por uma ou mais temporadas. É um formato que ainda não pegou muito por aqui, mas que nos Estados Unidos já fez com que podcasts fictícios acabassem virando séries de TV, como é o caso do Homecoming, que teve a adaptação protagonizada por Julia Roberts para a Amazon Prime Video.

O formato de ficção é muito influenciado pelas radionovelas, apesar de não precisar seguir necessariamente esse caminho. Muitos programas estrangeiros procuram formatos diferentes, como o Everything is Alive, que consiste em entrevistas que o apresentador faz com objetos do cotidiano, ou o Radio Rental, que usa uma abordagem mais próxima aos Contos da cripta, série clássica de horror que foi reprisada à exaustão na rede aberta nacional.

Ressaltando que esses são apenas alguns dos formatos mais gerais e mais encontrados pela podosfera; se vasculhar o suficiente, provavelmente vai encontrar algo superespecífico que bata perfeitamente com as suas necessidades como referência para criação, já que o grande motor global do podcast é a expressão de ideias sem formatação predefinida. Se mesmo depois de uma busca extensa não encontrar nada, é com uma pontinha de inveja que te digo parabéns: você encontrou algo realmente novo para explorar dentro do meio.

Exercício: tente imaginar um formato de programa completamente diferente não só dos que já mencionei, mas de todo e qualquer podcast que você já ouviu. Tente focar nos seguintes pontos:

- Quais são os elementos que tornam seu formato único?
- Você usou alguma característica de formatos que já existem e adaptou para deixá-la pelo menos com a *aparência* diferente? Como foi esse processo?

- Seu formato novo é interessante o suficiente para bancar um programa duradouro? Por quê?
- Você *escutaria* um programa com esse formato?

Agora aplique tudo que foi explorado no primeiro capítulo – se puder, invente até um título maneiro – e crie uma ideia de podcast que use esse seu novo formato, por mais maluca que ela seja. Se você conseguir criar algo totalmente do zero, vai ficar muito mais fácil fazer o caminho inverso e partir de uma ideia que você considere interessante e desmembrar todos esses pedacinhos que te ajudam a ter uma base sólida para começar um programa.

E não desanime se não conseguir fazer nada que dê para aproveitar com um exercício desses. Segundo o Instituto DataGus, 90% das ideias que temos não são muito boas mesmo (mas se você acabar criando um formato revolucionário e superlucrativo a partir deste livro, me mande uma mensagem).

O PAPEL DO APRESENTADOR

Quando seu formato ideal exigir a presença de um apresentador (que vou chamar de vez em quando de "host" daqui em diante por preguiça e para economizar alguns toques no teclado; ou talvez não, vai depender do revisor do texto – revisor, já sinto muito desde agora pelo trabalhão que vou te dar nestas páginas), pense muito bem se esse papel caberá a você ou se vai precisar chamar outra pessoa. Talvez precise até de dois co-hosts, o céu é o limite! O importante aqui é não deixar de avaliar tudo isso com antecedência.

Na época *raiz* do podcasting brasileiro, não tinha muita discussão: se você teve a ideia, ia apresentar, mesmo que o podcast envolvesse mais colegas de um mesmo círculo. A responsabilidade sempre era a do criador porque, como ele se propôs a fazer a coisa acontecer, tudo indicava que ele era o mais organizado e responsável dos envolvidos no projeto.

Mas não é bem assim. O host tem uma responsabilidade enorme, que vai além de ordenar a conversa, fazer a introdução e garantir que os principais pontos da pauta sejam cobertos. Sempre que um podcast conta com esse papel do apresentador, essa pessoa se torna a figura que incorpora tudo que é subjetivo sobre o programa; é essa pessoa que vai traduzir seu tom, sua intenção, seus *valores*. Talvez, de forma muito mais inconsciente e subjetiva, seja por isso que a maioria dos hosts é o idealizador de podcasts, mas esse tópico não pode sob forma alguma ser deixado para resolver "no automático".

Independentemente do caminho que você escolher – apresentação própria ou com outra pessoa –, lembre-se de não tentar forçar o host muito além do que ele já é (a não ser, novamente, se essa for justamente a ideia, não vou julgar seu projeto de áudio). A naturalidade no comportamento do apresentador é fundamental para que tanto um convidado como outros participantes regulares e até mesmo os ouvintes se sintam à vontade, pertencentes àquela conversa.

O co-host também pode ajudar bastante nesse quesito, dividindo o fardo e criando dinâmicas que podem deixar até os assuntos mais entediantes um pouco mais interessantes de se escutar. As personalidades dos dois apresentadores podem ser complementares ou conflitantes. Vai depender muito do seu estilo, seu nível de controle sobre o roteiro e, é claro, dos seres humanos envolvidos.

Se você está criando um projeto mais opinativo, focado numa coisa mais "papo de boteco", é uma boa pensar na pluralidade de pontos de vista. Por exemplo, ninguém quer ficar escutando meia dúzia de homens brancos héteros cis de classe média alta que estudaram juntos da primeira à oitava série, a não ser, talvez, outros homens brancos héteros cis de classe média alta que estudaram juntos da primeira à oitava série. Diversidade é fundamental, não só para o seu podcast, mas também para a sua existência em sociedade. Somos plurais, então represente isso como puder.

Você sempre pode, no mínimo, ter uma dupla de hosts que tenham bagagens (tanto genéticas como emocionais e psicológicas) bastante diferentes, o que já enriquece tremendamente seu conteúdo quando comparado à massa de programas praticamente idênticos que assola os feeds da podosfera, como uma grande massa de plástico no oceano.

Ei, talvez você consiga criar um programa de variedades com uma rotação de apresentadores, cada um com suas especialidades e fraquezas que contam como tempero de temas específicos que o podcast abordará com o tempo. Talvez pense em colocá-los exatamente nos episódios opostos dos que se dariam bem, deixando-os sempre na berlinda, numa espécie de experimento psicológico que jamais seria aprovado por nenhum médico com bom senso. Talvez isso evolua para uma rinha de podcasters, que tem apenas os sons da luta transmitidos para a audiência. Mas eu divago!

Agora que você já entendeu melhor qual vai ser o formato, é hora de gravar, certo?

Errado!

Primeiro, é preciso estruturar seu podcast. Se encontrar tom e formato é, basicamente, montar o esqueleto do seu programa, estruturar é colocar os músculos que vão fazer tudo se mexer direitinho e deixar que ele consiga levantar um galão com água sem passar vergonha, por assim dizer.

MONTANDO A ESTRUTURA

Você pode estar revirando os olhos neste momento, achando que a estrutura para cada episódio é um exagero. Provavelmente algo na linha de "pô, mas os podcasts que eu mais gosto não têm estrutura nenhuma, é tudo solto e fica superbom!" passou pela sua cabeça. Mas deixa eu ser aquela pessoa que vai acabar com todas as suas ilusões e revelar algo que você talvez não goste: aquele podcast superdescolado, solto e improvisado que você tanto gosta é extremamente bem estruturado, com um roteiro impecável para sustentar o programa do começo ao fim.

Todo podcast que se preze tem estrutura – pelo menos todos aqueles que perduram e encontram alguma medida de sucesso. É muito comum que podcasts de bate-papo aparentem ser supersoltos, mas isso acontece graças à habilidade dos apresentadores e dos convidados. Graças à característica principal do "faça você mesmo" do podcast e graças a uma insistência em permanecer amador, muitos dos programas mais famosos têm um início mais soltão, que soa até esquisito se comparado ao formato atual que eles mesmos adotam. Principalmente nos anos 2000 era normal que as pessoas se atirassem vendadas num abismo chamado podcast, e os programas eram completamente aleatórios no que diz respeito à qualidade e à coerência. Poucos sobreviveram a esses tempos, e aqueles que sobraram se adaptaram e se organizaram.

Quando consideramos a estrutura, não basta pensar em blocos ou no assunto de cada episódio. Muitos elementos estruturais precisam ser pensados e avaliados para fazer um podcast decente. Vários deles servem para todos os episódios na maior parte dos formatos, então os podcasters acabam criando modelos que são aplicados e adaptados conforme for preciso. Na hora de montar algo desse tipo, é preciso considerar o que se segue.

Tempo. Seu podcast é feito para ser ouvido no transporte coletivo, a caminho do trabalho, ou vai durar horas, exigindo a imersão completa do ouvinte? Ele será cortado em blocos ou vai de uma vez só até o fim? Quantas quebras são necessárias para contar uma história de uma forma específica ou levar um assunto da apresentação à conclusão?

Música. Seu podcast tem uma trilha sonora de fundo? Ela sobe e desce conforme o que acontece ou está mais para um ruído aconchegante? A trilha vai ditar o ritmo ou vai ser temática, assim como o episódio? Seu podcast terá vinhetas sonoras para separar blocos ou partes diferentes de cada programa (como uma chamada para respostas a fãs, por exemplo)?

Efeitos sonoros. Você vai usar buzinas, barulhos de carros, tiros e o diabo a quatro no seu podcast? As piadas recorrentes ou erros serão marcados com uma pontuação sonora? A proposta dos efeitos é ser uma piada à parte, reforçar algum momento da narração ou só chamar atenção para uma parte específica? Se seu podcast é de ficção, vai trilhar o ambiente enquanto o narrador ou os atores contam a história?

Tom. Sim, o tom precisa ser mais uma vez considerado ao montar a estrutura. É mais uma chance de repensar a *intenção* do programa e garantir que ela será atingida nas gravações. Talvez, no caso de um podcast documental, por exemplo, o tom mude entre um episódio e outro para ressaltar os pontos fortes de cada história, enquanto um podcast investigativo tende a ser o mais neutro e sério possível.

Vamos imaginar aqui, por exemplo, a estrutura de um programa de mesa-redonda padrão, o formato mais usado e copiado da podosfera brazuca.

O NOVO ESTROMBOLE DO DR. FASTÍCIO

Programa semanal sobre tipos de salgadinhos, papos em padarias e esculturas feitas com peças de LEGO.

TEMPO: 45 minutos.
TOM: ligado nos 220V, todo mundo gritando o mais alto possível no microfone. Média de quatro piadas por minuto. Desleixadamente informal.

ESTRUTURA:
1. Introdução: apresentação dos participantes da semana, com inserções de frases engraçadas mesmo fora de contexto que eles tenham dito na gravação.
2. Publicidade: inserção de spot pago por anunciante, se tiver. Se não, inserir spot da Lojinha do Gus®.
3. Introdução do tema principal da semana e apresentação oficial dos participantes, dando espaço para a autopromoção de cada um.
4. Desenvolvimento do tema principal.
5. Intervalo com ligação para fã.
6. Introdução do segundo tema da semana. Fechar esse bloco em alta, com muitas risadas.
7. Seção de respostas aos ouvintes. Comentar as esculturas feitas com LEGO da vez (não esquecer de colocar links das imagens no post).
8. Recados finais e encerramento com vinheta. Repetir frase ou momento engraçado do podcast após alguns segundos de silêncio.

Isso é, basicamente, para o que você vai olhar quando terminar sua estrutura. O resultado final vai depender muito do seu nível de detalhamento e das necessidades do seu podcast específico, mas é meio por aí. Quando estiver construindo sua estrutura é importante se atentar que os primeiros minutos do seu programa são como as primeiras páginas de um livro: precisam capturar a audiência, senão você perde o ouvinte. Muita gente reclama que podcasts são "chatos", "longos" ou "enrolados". Costuma ser o caso de podcasts que ficam retomando todo o assunto do episódio anterior e depois discutem de tudo (até o clima no momento de gravação, por exemplo) antes de chegar ao ponto. É muito fácil perder a noção de quanto tempo se perde nesses começos, especialmente em programas que tenham um tom mais informal. Fique atento a isso e, se for preciso, reestruture a "cabeça" do seu podcast quantas vezes for necessário.

A estrutura (desde que bem definida para seu podcast) vai te ajudar muito na hora de preparar o *roteiro*, que costuma ser algo único para cada episódio. Podcasts com temas e abordagens mais complexos, como os documentais ou investigativos, jamais conseguiriam passar do primeiro episódio sem um roteiro bem-feito. Aí vem aquela dúvida bastante popular:

COMO ESCREVER O ROTEIRO?

O roteiro consiste em nada mais, nada menos, que a tenebrosa tarefa de traduzir seus pensamentos em palavras. Sabe tudo aquilo que funciona magicamente na sua cabeça, flutuando etereamente, sublime, com você tendo a capacidade de *ver* e *ouvir* o resultado? Então agora é hora de voltar duas casas e tentar descrever tudo aquilo de uma forma que qualquer pessoa consiga ter aquela mesma visão ao ler seu documento.

Mas calma: é comum que podcasters chamem uma versão menos refinada disso tudo de "pauta" ou "outline" e foquem mais na quebra de assuntos ou listem pontos importantes ao mencionar algo e partam para a gravação só com isso. Dá certo? Depende do tipo de programa que você está fazendo.

Programas de bate-papo tendem a seguir uma estrutura de tópicos em vez de um roteiro elaborado, na maioria dos casos. Contudo, existem casos de podcasts que têm até risadas roteirizadas. Você provavelmente conseguiria fazer um podcast de resenhas literárias, de acompanhamento de uma série e até mesmo um sobre um período histórico com um roteiro mais extenso, mas com bastante cuidado neste último: sem um roteiro forte, é bem capaz que, ao fim do terceiro episódio, você só tenha meia dúzia de ouvintes.

Quanto mais seu podcast for dependente de contar uma história, mais importante fica a maneira *como* você conta essa história. Portanto, o roteiro será seu maior aliado para decidir esse *como* e para refiná-lo, permitindo que você consiga entregar algo realmente único, que prenda o ouvinte e faça com que ele volte para mais episódios. Logo, em casos de histórias fictícias, que precisam de atores interpretando papéis durante a gravação, seu roteiro precisará ser muito mais elaborado

– mais em um roteiro de uma série ou filme do que em um de mesa-redonda sobre *e-sports*, por exemplo.

    E quando entramos no mundo dos podcasts que dependem de muito material gravado previamente ou de gravações públicas (como as de discursos ou julgamentos, por exemplo), um roteiro bem-feito é essencial para que o programa não fique confuso e entediante, ou os dois. Afinal de contas, você é o único com acesso a todo o material – que não estará todo no produto final – e precisa definir bem a linha de raciocínio que os ouvintes seguirão para entender o que está acontecendo.

    Se sua ideia é produzir um podcast de notícias diárias (como o Café da Manhã, da *Folha*) ou baseado nas notícias de um determinado período, o roteiro é uma boa maneira para você entender quais são as notícias mais importantes para o que você quer fazer e o que quer transmitir em cada episódio. No fim das contas, independentemente do tipo de podcast que está fazendo e do quanto você já está com preguiça de fazer um roteiro, ele é o seu melhor amigo na hora de colocar todas as peças no lugar: até um outline é melhor do que nada e pode fazer uma diferença brutal na qualidade do seu programa e na facilidade de produção, considerando preparação, gravação e edição.

    No caso de podcasts focados em variedades, pode parecer difícil descobrir como se inspirar para arranjar temas e assuntos que fujam pelo menos um pouco dos lugares-comuns compartilhados por tantos programas que falam das mesmas coisas, do mesmo jeito, todas as semanas. Inspiração é, na verdade, transpiração. É quando você exercita a parte criativa da sua mente como se ela fosse um músculo do corpo, e as ideias virão a rodo, te dando até trabalho na hora de conseguir aproveitar tudo que aparecer. Mas, enquanto você não chega lá (relaxa, vai chegar e não vai demorar muito), o que pode te ajudar é usar duas perguntinhas básicas que podem ser aplicadas a praticamente tudo que você ver, ler ou ouvir:

Por quê? Os porquês da vida estão por trás de todo tipo de impulsionamento cerebral da história da humanidade. Quando buscamos entender como as coisas funcionam ou o motivo de elas acontecerem, usamos exatamente a mesma forma que o cérebro funciona para dar sentido àquele amontoado de imagens e sons que ele captura e processa por meio dos olhos e ouvidos, sem falar em todos os outros estímulos que os sentidos trazem.

Quando usamos "por quê" em qualquer coisa, nossa atenção é automaticamente capturada, nem que seja por um instante. E essa captura pode ser poderosa na hora de montar seu programa de áudio que compete com uma pluralidade de outros programas por um espacinho no ouvido da audiência. No começo, pode ser um pouco difícil "destravar" esse tipo de questionamento que te levará a pensar em temas e pautas bem legais, mas uma pergunta puxa outra, e em pouquíssimo tempo você conseguirá filtrar que tipo de pergunta e que tipo de assunto te estimula mais e combina mais com a estrutura e a proposta do seu podcast. Alguns exemplos de perguntas que podem dar o pontapé inicial são:

- Por que essa história é importante/engraçada/assustadora/relevante para pessoas como eu/etc.?
- Por que aquela ideia ou conceito ressoa com tanta gente?
- Por que tem gente que ainda acredita que a Terra é plana?
- Por que ninguém aparece na janela de casa ou do apartamento quando alguém grita na rua?
- Por que nossa polícia é militar?
- Por que "tudo junto" se escreve separado e "separado" se escreve tudo junto?
- Por que nunca encontramos sinais de inteligência fora do planeta?
- Por que os idiomas do Oriente são tão diferentes destes do Ocidente?
- Por que você está lendo um livro sobre como fazer um produto de áudio?

E se...? Estendendo a mesma lógica de raciocínio para os porquês, temos os "e ses", que abrem um leque bem grande de possibilidades que podem ser exploradas em pautas e roteiros de podcasts. Essa abordagem funciona muito melhor para ficção – e se uma porta no escritório que você trabalha abrisse para uma sala situada num planeta a 34 anos-luz de distância? E se zumbis existissem e fossem capazes de raciocinar como um humano normal? –, mas pode ser adaptada para questões mais próximas da realidade e do cotidiano – e se a educação de base tivesse um nível de qualidade adequado? E se dinheiro não existisse? – com um pouquinho de prática.

FORMATO

Uma mescla dessas duas perguntinhas pode manter sua mente sempre ativa e pronta para aproveitar qualquer oportunidade que apareça durante seus dias normais. Garanto que em pouco tempo você vai se surpreender com a quantidade de ideias que dá pra se tirar só da nossa casa, sem falar no resto dos estímulos que temos todos os dias, seja nas ruas ou na internet.

Quando você encontrar aquela ideia matadora, vai precisar fazer algo que muita gente torce o nariz (e o resultado sofre por conta disso): pesquisar. Quanto mais você se aprofundar no assunto ou no acontecimento que é a base do seu episódio, mais isso vai aparecer para o ouvinte. E na hora da pesquisa, seu melhor amigo é o Google. Saber usar bem essa ferramenta é a diferença entre horas de perambulação na internet e um levantamento de informações que vai te botar na frente. No caso de histórias reais, essa pesquisa também envolve o que no jornalismo é chamado de busca por personagens, ou seja, gente que tem algo para contar que bata com o que você quer dizer ou exemplificar.

Não existe um formato padrão ou correto de fazer um roteiro, e isso é parte da graça da coisa toda; como o podcast é uma coisa orgânica e super "faça você mesmo", a maior parte do processo é pensar no que faz sentido para as suas necessidades e, a partir daí, ir evoluindo a forma que você organiza todo o processo de produção.

É muita coisa para uma só pessoa? Ô se é.

Dá para fazer? Com certeza.

Vamos criar mais um exemplo de roteiro aqui, usando o Estrombs de novo.

O NOVO ESTROMBOLE DO
DR. FASTÍCIO – EPISÓDIO 003

TEMA:
A evolução da escala Pantone nas cuecas dos super-heróis da DC.
Convidado: youtuber famoso de quadrinhos X.

INTRODUÇÃO:
Apresentação do tema da semana e apresentação do youtuber X, com direito a jabá do seu canal.

BLOCO 1:
Apresentação do tema, contextualizando as principais mudanças na coloração dos gibis da DC.
- Falar sobre a evolução dos métodos de impressão desde os anos 1940.
- Comentar sobre as diferenças de cor que a impressão brasileira causava.
- Passar pelas mudanças nos tons de cores dos heróis com a passagem das décadas – abordar a influência do digital depois dos anos 1990.

Propaganda:
Spot publicitário da Lojinha do Gus® falando dos novos produtos do mês.

BLOCO 2:
Focar na experiência do youtuber X, famoso colecionador de edições de quadrinhos da DC, especializado em edições diferentes dos mesmos títulos. Perguntas para o convidado:

- O que te levou a começar a colecionar?
- Por que focar nessas pequenas diferenças entre edições?
- Isso vale mais ou menos para o mercado colecionador? Tem diferença entre o mercado nacional e o internacional?
- Qual é a sua variação de cor favorita?

BLOCO 3:
Bloco mais leve para encerrar, focando em experiências curiosas e divertidas dos participantes, que tenham a ver com o tema. Supersolto!

Leitura de e-mails.

ENCERRAMENTO:
Spot de encerramento com e-mail de contato e créditos de produção.

Esse pode ser um roteiro básico de podcast; sendo muito mais simples ou muito mais complexo, especialmente no caso de audiodramas ou programas que exijam muito roteiro estruturado de falas mesmo. De novo: vai da sua necessidade.

Recomendo que você crie o roteiro de, pelo menos, três episódios antes de começar a gravar, para pegar o jeito da coisa e entender o que você realmente precisa deixar pronto antes da conversa. E, depois de gravar, compare o resultado com o roteiro para entender o que precisa ser alterado: faltou conteúdo? Sobrou?

Surgiram oportunidades durante a gravação que podem ser usadas em mais episódios? E por aí vai.

Parece bastante trabalho, né? E é mesmo.

É claro, tudo vai depender *do que* você está fazendo, mas é importante entendermos o maior escopo possível que um podcast pode ter – e lembre-se de que ainda nem chegamos na parte da gravação. A coisa é brutal mesmo, e talvez agora você esteja pensando que não deveria ter dado aquela risadinha desdenhosa lá no começo do livro, quando eu te disse para desencanar dessa coisa de gravar podcasts.

Mas vamo que vamo!

Todos esses processos vão compor o seu planejamento do programa. Acredite, você *não* vai querer ficar correndo atrás do próprio rabo toda semana porque não planejou seu podcast com antecedência. O formato de temporada é o que mais se beneficia desse planejamento, especialmente no caso de programas investigativos supercomplicados, como o Projeto Humanos, por exemplo. Se o Ivan Mizanzuk quase desfalece na produção do podcast *com* um planejamento bem detalhado, imagina sem.

O planejamento precisa levar em consideração não só toda essa parte que vimos até aqui, a pré-produção do podcast, mas também toda a produção em si e o pós, até a divulgação e a manutenção do interesse geral do que você colocou no ar. No caso de podcasts de ficção, a fase do planejamento, aliada ao roteiro, é fundamental para definir tudo que será necessário no que diz respeito a atuação, locução, efeitos sonoros e captações em geral. Quando falamos de uma categoria na qual testar os limites do gênero é fundamental para se destacar, é bem difícil ter sucesso se apoiando no famoso "jeitinho brasileiro"; o improviso ajuda e nos tira de umas belas enrascadas, mas não resolve tudo sozinho.

Uma agenda será sua melhor amiga nessa fase da construção do seu programa. Vários podcasts cheios de boas ideias e intenções desmoronaram rapidamente por coisas bobas e fáceis de prevenir, como conflitos de calendário e a falta de ter uma visão concreta do que "fazer um podcast semanal/quinzenal/com três ou quatro temporadas" é na hora do "vamo ver". Estipular um calendário é importante, especialmente para podcasts que dependem daquele pessoal que pode te enlouquecer por conta de problemas, imprevistos e mudanças de última hora. É claro que estou falando deles, os...

CONVIDADOS

Eles são uma ferramenta bendita e maligna ao mesmo tempo. Da mesma forma que eles podem dar o peso necessário para um episódio ou temporada que você produziu – trazer a visão de um especialista ou de alguém que passou por uma situação específica para ressaltar ou contrapor o que foi dito até então –, eles também podem tirar um podcast dos eixos, atrapalhar a linha de raciocínio do ouvinte ou tornar sua vida por trás dos microfones um verdadeiro inferno.

Antes de mais nada, é preciso entender o papel do convidado no *seu* podcast. Existem produções que giram em torno do entrevistado, enquanto outros apenas usam esse recurso como uma pontuação do que já foi feito. Programas do odioso gênero tão abrangente que nem parece gênero, "variedades" oscilam entre os dois extremos dessa balança o tempo todo e parecem nunca encontrar um jeito certo de fazer isso, possivelmente pela informalidade excessiva, que pode deixar um convidado sem rumo. Afinal, aquela pessoa não tem obrigação nenhuma de escutar seu podcast antes de aparecer para a gravação e saber de antemão que você sempre pergunta qual seria o híbrido de animal que o convidado gostaria de produzir em laboratório para ser seu animal de estimação perfeito.

A primeira barreira que precisa ser ultrapassada com os convidados em podcasts é fazer com que eles entendam o meio. É mais fácil com pessoas que já têm familiaridade com a internet e com – cenário dos sonhos – gravações e entrevistas virtuais. Só que você não vai conseguir isso se o seu podcast é um documentário feito sob o ponto de vista de veteranos da Segunda Guerra Mundial (aliás, se essa é a sua ideia, corra, ou não vai sobrar ninguém para entrevistar), sem uma gravação presencial, você está lascado.

Depois disso, caso tenha a chance antes de gravar, vale *muito* a pena explicar melhor ao convidado *como* é o seu programa. Você pode até tentar fazer com que ele escute algum episódio anterior antes para ter como base (boa sorte!), mas o principal é passar as linhas gerais da dinâmica entre apresentador(es) e convidado, o que se espera dele e qual é o *tom* do podcast. Passe uma pequena pautinha, destacando os principais tópicos ou perguntas que você quer que o convidado aborde durante a gravação. Ou, se for a sua praia, deixe a pessoa completamente no escuro e jogue tudo na hora para ver como ela se vira, *à la* Pegadinhas do Mallandro (ei, vai que dá certo?).

Muitos podcasts que só respiram por conta de convidados têm o péssimo hábito de largar esses entrevistados depois da gravação, sem dar nem um "tchau" direito, muito menos um feedback e aquele aviso amigável quando o programa finalmente vai ao ar. É um erro em vários aspectos, entre eles sua falta total e absoluta de trato social (seu monstro!) e a possibilidade desperdiçada de alcançar mais pessoas por meio da divulgação do seu programa nos círculos sociais do convidado da vez (é claro que ele ou ela vai postar em alguma rede social quando sair. Se não quisesse aparecer, não participaria do seu programa, não é mesmo?). Lembre-se de incluir esse follow-up com todos aqueles que participarem do seu podcast; nunca se sabe quando você também vai encontrar um convidado recorrente que a audiência adore, por exemplo.

Só que, antes disso, preciso falar sobre uma pergunta muito, mas *muito* frequente caso você não seja um ser humano bastante descarado e extrovertido.

COMO CONSEGUIR CONVIDADOS?

Sendo bastante descarado e extrovertido, é claro. Mas também existem métodos mais sérios e melhores do que ficar a dez centímetros de distância de um desconhecido e perguntar, de forma bastante desconfortável, se ele te daria uma hora para gravar tudo que ele disser, para você editar e depois botar na internet para sempre, para que milhares de pessoas possam escutar tudo o que foi dito. Algumas estratégias costumam funcionar bem e existem práticas que servem para qualquer convidado, mas vamos separar em grupos específicos a fim de facilitar.

Gente normal. Por "gente normal", quero dizer seus amigos, colegas e familiares. Gente com quem você já tem um nível, mesmo que mínimo, de reconhecimento e proximidade. Essa proximidade te provê uma facilidade de acesso àquela pessoa, o que vem a calhar especialmente no caso de colegas de área, profissão ou hobby, dependendo do estilo do seu podcast. Só fique atento para tentar chamar apenas pessoas que tenham certa desenvoltura com microfone, e não só porque vocês comiam salgadinho juntos no intervalo da quinta série.

Especialistas. Quando você precisa de um especialista em uma área específica que não faz parte do seu cotidiano e nem do seu círculo social, será preciso dar uma pesquisada por aí. Suas duas maiores ferramentas são o boca a boca e o Google.

Para o último, basta paciência e um bom tempo disponível para vasculhar a internet atrás de gente que possa te ajudar a tirar um episódio do papel. Sobre o boca a boca, não se acanhe; quem tem amigos jornalistas certamente já os viu pedindo indicações de pessoas com uma formação específica ou que tenham passado por uma determinada situação. Essa é a caça pelos personagens, que mencionei anteriormente e, apesar de muitas vezes esses personagens serem "gente normal", você deve considerá-los especialista, sobretudo no caso de podcasts que foquem em relatos reais.

Você também pode usar os quase infinitos recursos da internet de uma forma mais esperta. Se precisar de um acadêmico, comece pelo Lattes, uma base integrada de pesquisadores de todo o Brasil. Se estiver atrás de uma pessoa que trabalha numa empresa específica, dê uma fuçada no LinkedIn (se não achar a pessoa em si, talvez encontre o contato de alguém do marketing ou de imprensa, que sempre é um caminho possível para marcar uma entrevista). Se você está atrás de um humano desconhecido que trabalhe em um museu, órgão do governo, sindicato ou ONG, por exemplo, simplesmente peça, pelo contato geral (ou o específico de imprensa, se estiver disponível) do site daquele lugar, uma entrevista com alguém que preencha os requisitos de que você precisa.

Celebridades. Costuma ser bem mais difícil chegar a uma maneira eficiente de entrar em contato com pessoas famosas, e, quanto mais famosas, mais difícil. No entanto não deixe isso te desmotivar caso seu podcast precise de alguém famoso em algum momento e jamais subestime o poder da insistência.

Existe uma camada mais acessível de gente relativamente famosa criada pela internet. É bem mais fácil marcar uma gravação com alguém que fez sua fama pelo YouTube do que por Hollywood, e esse pessoal provavelmente te entende melhor e pode estar mais disposto a participar do seu programa. De qualquer forma, existem meios para entrar em contato com os mais famosos dos famosos.

Antes de mais nada, as regras básicas se aplicam, e profissionalismo (ou, pelo menos, aparência de profissionalismo) vai contar muito. Como todos os grandes atores, músicos, comediantes, políticos e, basicamente, todo mundo que é uma figura pública, tem uma agência que a representa. Então, o melhor percurso costuma ser entrar em contato com essa empresa por meio de um representante específico ou pelos bons e velhos formulários de contato ou e-mails de imprensa. Contato por redes sociais não costuma funcionar nesse caso porque a maioria dos perfis de celebridades é controlado por agências de publicidade, que jamais passarão seu pedido para o cliente.

Um truque que pode funcionar de vez em quando é tentar se inserir nos eventos de imprensa quando o famoso ou a famosa em questão está divulgando um projeto novo. Nesses casos, o departamento de imprensa da produtora/gravadora/casa de shows/etc. se transforma em mais uma chance de fazer aquela entrevista rolar. Apenas tenha em mente que quanto mais famosa a pessoa em questão, mais difícil vai ser de conseguir uma entrevista no formato que você prefere e com o tema que você quer – isso se conseguir alguma coisa, para começo de conversa.

Quando encontrar uma pessoa que pareça funcionar para o que está procurando, é bom seguir algumas regrinhas que vão te dar um ar muito mais de "profissional engajado que sabe o que quer" em vez de "stalker maluco que fuçou minhas coisas na internet".

Seja formal. Formalidade ainda é sinônimo de profissionalismo e, se você quer que um profissional de qualquer outra área gaste seu tempo gravando com você, é melhor que eles pensem que você também lida com isso de forma profissional. Diga que é um jornalista: afinal, não existe mais obrigatoriedade de diploma para exercer a profissão e, no fim das contas, isso é meio que um trabalho de repórter na maioria dos casos em que você vai precisar de um especialista, então abrace a ideia.

Explique (rapidamente) seu podcast. Além de se utilizar poucas palavras, o conceito do seu programa (caramba, isso nunca acaba!) para o convidado em potencial, é bem capaz que você precise explicar o que é um podcast. Aqui vai de você, pode ir do básico "é tipo rádio, mas na internet" a uma longa e apaixonada declaração do meio. Vai da sua paciência e desapego em ter ou não um convidado no fim do discurso.

Especifique como e quando o programa será gravado. Deixe bem claro quanto tempo da vida daquela pessoa você precisa e o que você espera que ela diga. Se vai criar uma pauta ou roteiro, avise se vai enviá-la ao convidado e se ele tem ou não o direito de mexer no arquivo. Sugira datas e horários, defina se a gravação será presencial ou pela internet. Tente resumir todos os detalhes que podem influenciar a decisão do convidado.

Insista. É bem capaz, a não ser que você tenha uma sorte fora do comum, que as pessoas tenham uma certa tendência em não te responder, pelo menos não de primeira. É normal, todo mundo tem suas prioridades e suas vidas, e responder um e-mail de um humano aleatório desconhecido costuma ficar no fundo da lista de prioridades de qualquer um. Depois de um período minimamente educado de envio do seu primeiro e-mail/ formulário de contato/mensagem em rede social – digamos, entre sete e dez dias, porque sim –, pode mandar mais uma mensagem, sempre educada, formal e profissional, retomando o assunto. No seu terceiro strike, se a vergonha já tiver passado – acredite, isso vai acontecer, e bem rápido –, sua mensagem pode conter um pedido de indicar outro colega caso seu convidado esteja ocupado demais num futuro próximo.

Vamos para um exemplo de e-mail de contato? Vaaaaamos!

De: Gus <gus@lanzetta.com.br>
Para: Youtuber X <youtuberx@gmail.com>
Assunto: Convite de gravação de podcast

Bom dia, youtuber X! Como vai?

Meu nome é Gus. Sou o produtor do podcast O Novo Estrambole do Dr. Fastício, que tem como proposta explorar o mundo da cultura de entretenimento sob um novo ponto de vista em conversas bastante leves e descontraídas, sempre com um convidado diferente por episódio.

Gostaria de saber se você tem interesse e disponibilidade para gravarmos uma conversa sobre a variação de Pantone dos uniformes de heróis da DC com o passar das décadas. Por conta da sua coleção, imagino que seja um assunto de seu interesse e seria ótimo contar com a sua presença nessa gravação.

Desde já agradeço sua atenção e fico no aguardo,

Gus.

Vale lembrar que muita gente simplesmente não vai querer participar do seu podcast, e tudo bem. Durante a produção deste livro, tentei gravar com o Marc Maron – uma das minhas grandes referências não só no meio de podcasts mas também na comédia – e ele recusou. Acontece! Não fique obcecado com uma única ideia ou pessoa, pois as chances de isso dar errado são enormes. Sempre há um jeito, uma alternativa, uma forma criativa de viabilizar sua ideia.

Marc, please come to Brazil.

PAGANDO CONVIDADOS

É claro, você sempre pode oferecer um cachê para seus convidados – óbvio, se você tiver os recursos necessários para isso. Não é um pré-requisito de forma alguma, mas pode abrir várias portas que, de outra forma, seriam bem difíceis de ultrapassar.

E não precisa ficar muito preocupado com o valor que você vai oferecer. Se já souber de antemão que não tem lá toda aquela grana para pagar uma pessoa mais famosa ou relevante (o que normalmente vai ser o caso), coloque isso em seu e-mail de contato e já deixe claro que você está oferecendo o que pode mesmo. Algo nas linhas de "temos um cachê para convidados de X reais. Sabemos que não é condizente com o que você está habituado a receber, mas, infelizmente, é o limite que nossa produção independente pode oferecer neste momento".

Vamos entrar nesse assunto com mais detalhes lá para a frente, mas uma coisa que você pode fazer quando já estiver monetizando seu podcast é cobrar o cachê do convidado diretamente do patrocinador do episódio, assim todo mundo ganha e fica feliz da vida.

Caso você possa e queira seguir por esse caminho, é importante pensar que, independentemente de quem for seu convidado, todos devem receber pela participação. Quanto mais você se embrenhar no caminho do profissionalismo, maior será sua responsabilidade de manter as coisas de forma profissional. Parabéns!

E fica aqui a última máxima para suas aventuras na hora de procurar gente para falar no seu podcast: *quem não chora, não mama.*

De qualquer forma, quando estiver planejando sua lista de convidados, só tome cuidado para não chamar mais gente do que precisa. Controle sua ansiedade enquanto espera por uma resposta. Se você se empolgar nessa etapa, pode acabar com seis convidados para o mesmo episódio, criando uma verdadeira zona ou passando pelo climão de rejeitar gente e mandar o tal profissionalismo para o espaço.

Tudo que foi apresentado neste capítulo vai ser útil pra você? Provavelmente não, mas a regra aqui é pecar pelo excesso, já que é muito mais aparente quando você *não* se prepara que o contrário.

"Agora podemos, *pelo amor de tudo que é sagrado*, partir para a gravação?", você pergunta, morrendo de ansiedade, tédio e desespero, tudo junto e misturado. "Mas é claro", eu respondo, como se não tivesse te feito aturar um monte de regras, normas, nomes e modelos até agora.

MAS!

"Caraca, Gus... como eu te odeio neste momento!" Eu sei.

Antes de botarmos a mão na massa, metaforicamente, que tal já ir montando seu projeto *nas próprias páginas deste livro?* Olha só que lúdico! Que dinâmico! Que *meta*!

Use o espaço da próxima página para formatar sua ideia de podcast, com base em tudo que leu até aqui. Mesmo que essa ideia específica não acabe virando um programa crescido e vitaminado, já é um bom jeito de praticar todas as etapas e internalizar esse processo em qualquer projeto que você fizer para esse meio.

FICHA DE PRODUÇÃO DE PODCAST

TÍTULO:

SUA IDEIA:

TEMA(S):

PÚBLICO-ALVO:

PÚBLICO POTENCIAL *(aquele que não é exatamente para quem você está direcionando o programa, mas que pode atingir por tabela)*:

TOM:

FORMATO *(aproveite o exercício lá de trás)*:

Liste os 5 primeiros episódios que você planeja para o programa *(já dá para praticar a criação de roteiros em cima desses episódios!)*:
_____
_____
_____
_____
_____

Liste os convidados que você planeja chamar:
_____
_____
_____
_____

Aproveite para pensar na estratégia para convidá-los, que pode começar de uma forma tão inocente quanto um mero tuíte e abrir uma janela para uma conversa gravada anos mais tarde (*como é o caso da entrevista a seguir*).

ENTREVISTA COM ROBERT ASHLEY, DO PODCAST A LIFE WELL WASTED

Robert Ashley é um jornalista e compositor que trabalhou para publicações especializadas no mercado de videogames durante a primeira década do século 21. Em 2009, criou um podcast para contar histórias sobre pessoas envolvidas no desenvolvimento, avaliação e divulgação de jogos.

Robert Ashley: Onde você está?
Gus Lanzetta: Estou em São Paulo.

Robert: Legal.
Gus: No Brasil.

Robert: Nunca fui para o Brasil. Adoraria visitar.
Gus: É um ótimo momento pra visitar porque nossa moeda agora não vale nada.

(os dois riem)

Robert: Isso não soa como uma boa situação.

Gus: Não pra mim, mas, se vocês quiserem visitar, é bem tranquilo.

(Robert ri)

Gus: Bem, obrigado por tirar um tempo pra falar comigo. Como pode ver, sou fã do A Life Well Wasted.

Robert: Yeah!

Gus: Eu gravo podcasts desde 2006, o que me levou a escrever um livro sobre podcasting, porque eu disse sim pra uma editora. E é difícil. Você tem que escrever tantas palavras e eu escrevia pra revistas que nem você, mas não faço isso faz tempo, escrevo pra TV na maioria das vezes e são muitas páginas. É difícil. Então é por isso que quero falar com outras pessoas pra usar suas palavras pra preencher espaço.

Robert: Yeah, vou ver se consigo gerar palavras pra você.

Gus: Legal, irado! Primeiramente, já que nem todo mundo conhece A Life Well Wasted e você...

Robert: Provavelmente não.

Gus: Você pode se apresentar?

Robert: Sim, claro. Então, me chamo Robert Ashley. Eu meio que comecei sendo escritor pra revistas de videogame na Bay Area nos anos 2000 e fiz a transição pra podcasts quando fazer podcast se tornou parte do *amontoado* de coisas que esses grupos de mídia estão fazendo e fiz meu próprio programa. Eu nem sei em que ano, 2009 talvez?

Gus: Acho que sim, provavelmente. Porque acho que foi no mesmo período que a *EGM*[1] também morreu aqui. A gente morreu aqui antes de vocês. *EGM Brasil* naquela época.

Robert: A gente recebia cópias das *EGMs* internacionais porque tinha algumas versões em outras línguas. Não lembro exatamente da brasileira, mas eles tinham uma pilha de coisas antes do dinheiro acabar ou, sei lá, esses grupos de mídia tinham muita porcaria.

Gus: Sim, eu lembro que teve um dia muito triste quando a gente se mudou pra um escritório menor. Tinha uma pilha de coisas, [caixas de jogos, cabos específicos de interação entre consoles, acessórios de videogames e outras coisas do gênero] "essas coisas não vão embora, então se você quiser apenas levá-las pra casa". E o resto do pessoal falou "a gente vai ter que levar essas coisas porque elas estariam perdidas pra sempre". Acho que um monte de coisa foi pro lixo, mas eu tenho

---

1 A *Electronic Gaming Monthly* era uma revista mensal de jogos eletrônicos americana que também teve sua versão brasileira, a *EGM Brasil*. Sua publicação foi encerrada em janeiro de 2009 e foi retomada de forma exclusivamente digital em 2019.

link cables do Game Boy Advance em algum lugar que eu salvei.

Robert: Sim! Eu tenho algumas coisas dessas também. Tenho em algum lugar um protótipo de cartucho. Não vou lembrar do nome do jogo de Game Boy Color, mas era um jogo da Konami que tinha um painel solar?

Gus: Ah! Sim...

Robert: Era meio que um RPG estilo EarthBound, mas era meio gótico. Mas eu lembro que o cartucho em si era ridiculamente valioso pra Konami, mas de alguma forma consegui ficar com ele, e ainda tenho.

(risos)

Gus: É a mesma coisa que aqueles consoles *debug* que aparentemente eles valem milhões, mas você sabe que assim que chega a próxima plataforma eles esquecem de quem os tinha e eles ficam largados por aí.

Robert: Certamente, eu tenho um PlayStation 3 *debug* no meu armário.

Gus: Eu não tenho nenhum *debug* comigo, mas eu sei de *debugs* que sobreviveram *expurgos* como esse.

Robert: Eu fiquei só porque ainda consigo jogar jogos de PlayStation 1 nele.

Gus: Sim, isso é ótimo. Eu acho que eu tenho um disco de preview do Kane and Lynch em algum canto.

Robert: Irado.

Gus: Sabe, história dos games. Está sendo preservada.

Você fez A Life Well Wasted e é sobre isso que quero falar com você, que eu acho que mesmo agora, dez anos depois, ainda é um programa incrível e é raro pra podcasts serem relevantes por dez meses, então dez anos é uma baita conquista. Por que você acha que o que você fez com A Life Well Wasted é tão importante, é porque os outros podcasts de videogame são ruins?

Robert: Não... Eu não entendia na época por que as pessoas escutavam outros tipos de podcasts de videogame que nem aqueles que eu participava que eram uns caras ao redor de uma mesa conversando. Eu ficava "quê... por que as pessoas escutam isso?". Agora que eu não estou mais trabalhando em uma revista de games e não saio com ninguém que sabe alguma coisa sobre videogames, eu meio que entendo o vazio que esses programas preenchem quando você liga e é como se fossem seus amigos da internet, e eles estão falando sobre games e te mantendo informado, e parece que você é um informante ou algo do tipo. Eu consigo ver o que tem de atraente nisso agora. E eu escuto alguns podcasts estritamente por causa da amizade artificial deles, mas eu realmente não escutava essas coisas.

Na época... Eu sempre gostei de rádio e ainda me lembro de voltar pra casa nas férias de Natal (talvez no meu segundo ano de faculdade) e entrar em um trabalho temporário em uma agência nas duas semanas que estava em casa preenchendo papelada médica. E era eu literalmente organizando fichas em ordem alfabética oito horas por dia. Trouxe meus fones de ouvido, e meu Walkman tinha um rádio, e eu escutava a minha fita que estava lá dentro e ficava enjoado dela, e ficava "argh vou ter que ligar no rádio". Lembro do dia que esbarrei no This American Life, que você sabe que é um programa de rádio muito importante. Olhando pra trás na era de podcast era um protótipo de um milhão de podcasts narrativos. Mas escutando esses programas e sendo fã deles e ter estourado esse lance de podcast, minha ideia era "e se alguém fizesse algo mais próximo do rádio em vez de ser algo sem edição com pessoas falando e se divertindo?". O que é totalmente legal por si só, mas acho que uma das razões pelas quais as pessoas talvez possam voltar ao meu programa depois de todos esses anos, é porque eu gastei todos meus esforços em apenas contar histórias. Realmente, não importa tanto sobre o assunto de videogame, porque eu ouço. Eu não gosto de videogames e não sei nada sobre eles, mas eu escutei seu programa porque um amigo me indicou e gostei muito.

Então, sim, eu acho que parte da razão de [o podcast] ainda ter esse poder é porque o assunto é meio perene. Eu foquei em apenas contar histórias de pessoas, ou às vezes encontrava acadêmicos interessantes ou algo assim. Você adiciona algumas ideias legais e eu apenas tentava apresentar essas histórias de uma forma divertida. Naquela época, eu estava em uma banda e gravando todas as nossas músicas, trabalhando em um álbum. Eu tinha ambições sobre essas coisas que você pode fazer com rádio ou podcasts. Eu estava apenas seguindo o fluxo e muito disso era insanidade porque era antes de eu ter filhos; e eu ficava trabalhando até as três horas da manhã em alguma história. E, acidentalmente, no decorrer da edição, criava algo que soava estranhamente musical e ficava "e se eu adicionasse alguns *samples* aqui", e acabava fazendo essas colagens enormes e criando música disso.

Eu acho que muito do porquê de esse programa parecer ser único é por eu ter seguido um monte de ideias malucas ao extremo absoluto e ter passado mais tempo nisso do que qualquer um gastaria. Era uma quantidade absurda de tempo gasto em um podcast que não tinha anunciante nem nada. Era só eu ficando maluco.

Gus: Eu escutei o podcast na época e a primeira vez que eu voltei e escutei de novo foi alguns anos atrás porque o Spotify pediu pra que eu desenvolvesse um programa sobre videogame pra eles e eu mostrei A Life Well Wasted como um exemplo de algo que seria bacana, porque eles queriam algo que apelasse não só pra audiência nerd. E mostrei pra eles e apenas ouvindo novamente... Há uma textura no áudio e com a música que você compõe, sabe, não... estruturalmente sim, me lembra do This American Life, mas tem algo aqui que é muito único.

Robert: Legal! Era isso que eu esperava naquela época, eu acho. E talvez também sinto que se você quer começar um podcast agora é só pesquisar "podcast" no Google e você vai achar tantos vídeos pra assistir, tantas coisas instrutivas falando que é assim que se faz, mas, quando eu estava fazendo, eu não sabia de porra nenhuma. E era apenas eu; tipo, "como você faz um programa de rádio?". Eu não sei, mas vou tentar e ver o que consigo fazer. Talvez o que fiz seja um pouco trabalhoso, mas, sabe, acho que agora que podcast é uma grande indústria e tem muito dinheiro em jogo, parece que virou uma fórmula que é seguida demais e muitas coisas podem parecer mesmice. Acho que existe muito espaço pra fazer umas porras esquisitas que nunca foram feitas. Assim que uma fórmula de sucesso é estabelecida, eu sinto que as pessoas tendem a fazer tudo igual. Mas eventualmente acho que terá mais variedade e provavelmente tem.

Tem coisas que eu até não conheço e que são bem legais. Eu não me aventuro tanto em podcasts. Acho que parcialmente porque eu não quero ser influenciado e ainda tenho, tipo, ambição de voltar e fazer podcasts e não quero... Eu escutei alguns desses programas de agora que seguem a mesma linha e quero manter uma nova perspectiva sobre isso.

Gus: Sim, de repente há uma variedade infinita agora com diversos programas. Mas eu acho interessante que rádio é a influência que te levou a fazer um programa que – quando você pensa sobre podcasts e estar em uma plataforma sob demanda (como não é uma coisa que você ouve ao vivo), no seu carro – você sabe que todo ouvinte vai ouvir o programa inteiro, você pensaria que mais programas fariam o que você fez de ter uma narrativa e construir algo mais parecido como um programa de TV, mas muitos dos maiores podcasts ainda hoje são pessoas conversando e não tem nada de errado nisso, eu faço isso, você fez isso com o

GFW Radio. Mas é interessante que agora eu ache que podcast é tão popular, que as pessoas estão fazendo. Tipo, "vamos fazer ficção", "vamos fazer produções maiores", coisas que merecem ser ouvidas com atenção. E acho que você estava muito à frente da curva. Você às vezes sente como se devesse voltar, agora que existe um mundo pro A Life Well Wasted?

Robert: Sim, digo, eu nunca senti que não havia um mundo e talvez, na verdade, o oposto. Eu queria terminar outro episódio e voltar pra ele. Mas, na verdade, me sinto um pouco intimidado pelo fato de ter muita coisa por aí e é... tipo... é apenas diferente...

Quando eu fazia ninguém estava realmente colocando... Ninguém não, mas tinha algumas pessoas. Definitivamente existem algumas pessoas que, tipo... Eu tenho que falar que uma pessoa que me influenciou muito na época e ainda não recebe o devido crédito, apesar dele ser muito experimental e seu podcast era muito produzido, era o Benjamin Walker. Ele tinha um programa chamado Theory Of Everything, que era, tipo... Eu nem sei como descrever. Era parte e parte dele era ficção e ele se inspirou muito pelo Joe Frank, que era esse cara muito legal da rádio durante os anos 1980 e 1990 que contava essas histórias mentirosas. E Benjamin fazia de maneira semelhante. Ele tinha todos os tipos de sons, maluquices e recentemente ele fez uma dessas séries totalmente produzidas pro Audible, que é uma mistura entre ficção e rádio e que tem muitos efeitos sonoros quase como um programa de TV pros seus ouvidos ou algo assim.

Então, há pessoas fazendo essas coisas, mas, sim, não sei, quando eu olho em volta parece um pouco mais intimidador e eu definitivamente me apego à ideia de que eu nunca faria, pro meu programa pelo menos, colocar um anúncio pro Squarespace ou algo assim no começo, eu manteria como está.

Gus: Mas hoje em dia eu sinto que muitas das coisas que você fez e outras pessoas que vieram do 1UP[2] naquela época fizeram em tentar financiamento coletivo. Há soluções mais fáceis de usar, assim como existem maneiras fáceis de usar tutoriais pra todas as coisas de podcast que tivemos que descobrir.

Robert: Sim, sim, Patreon[3] e essas coisas.

---

2 Site norte-americano de entretenimento focado em videogames lançado em 2003 que era uma extensão da *Electronic Gaming Monthly* e que teve suas atividades encerradas em 2013.

3 Site norte-americano de financiamento coletivo que oferece ferramentas para criadores gerenciarem serviços de assinatura de conteúdo, bem como formas para os artistas construírem relações e proporcionarem experiências exclusivas para os seus assinantes, ou "patronos."

Na verdade, o lance do pôster... Assim, algumas vezes era um pouco de distração porque demorava muito tempo pra enviar todos aqueles pôsteres e fazer com que fossem feitos e tudo mais. E meio que também depende, sabe, apenas pra explicar isso, o jeito que modelo de negócio funcionou.

Não existia modelo de negócios e eu não fazia nenhum centavo e esse cara, Olly Moss, me abordou on-line. E eu tinha ouvido falar dele antes porque na época ele tinha viralizado. Aconteceu quando ele basicamente fez pôsteres de games e filmes, eu acho, no estilo da Penguin Classic Books. E isso apareceu no Boing Boing[4] e outras coisas do tipo, coisas antigas da internet. E eu fiquei "ah, eu já vi esse cara". E ele realmente queria fazer alguns pôsteres pro programa e fiquei, tipo, "sim, cara, irado!". Na verdade, acabou virando um ótimo modelo de negócios. Digo, eu não sei quanto as pessoas ganham nos seus programas quando colocam anúncios, mas os meus programas levavam muito tempo; especialmente os últimos que tinham algumas centenas de horas de trabalho e eu duvido seriamente que conseguisse dinheiro pra anúncios

---

4 Site criado inicialmente como um fanzine em 1988 que acabou se tornando um blog coletivo. Os tópicos mais comuns de discussão no espaço virtual abrangem tecnologia, futurismo, ficção científica, *gadgets* e propriedade intelectual.

que faria isso funcionar. Talvez o Patreon funcionasse pra isso.

Eu fazia, depois de custos e tudo mais, 10 mil, 12 mil por episódio, que era muito bom, mas era apenas vendendo pôsteres que Olly criava e eu pagava 500 dólares, e foi meio como caridade da parte dele. Tipo, "toma todo esse dinheiro do pôster que eu desenhei". Mas estava funcionando bem e eu continuaria fazendo isso pro A Life Well Wasted. Eu considero gravar outros podcasts, sabe? Eu definitivamente tenho conversado com amigos sobre fazer outras coisas. Na verdade, estou trabalhando com um amigo que faz podcasts profissionalmente em Nova York. Eu vou trabalhar em um podcast que ele está rodando, vai ser financiado e feito pela PBS. Mas é tipo um trabalho à parte, mas sim, sei lá, nem lembro qual era a pergunta.

Gus: Nem eu. Mas falando do quanto custa fazer um programa, todo aquele lance do Spotify, o fim dessa história é que eles falaram "vamos fazer", e a gente desenvolveu uma outline pra dez episódios. E uma vez que descobrimos quanto custaria pra realmente fazer um programa como esse, eles falaram "ah, vamos não fazer isso". Porque sim, quando você descobre, você está fazendo tudo sozinho e ficando até as três da manhã. E a gente ficava, tipo, "vamos contratar esses músicos", "vamos pegar esses caras", "vamos ter que cobrir os custos de viagem" e tudo, e você fica "ah, caralho, isso é caro".

Robert: Sim, pode ser bem caro se você já não tem os equipamentos e pode fazer as merdas tudo você mesmo.

Gus: Porque eu acho que naquela época eles estavam "isso não pode passar de 3 pau por episódio" ou algo assim, então rapidamente acabou.

Robert: Sim, é difícil. Quero dizer, entendo por que podcasts de conversa ainda são dominantes. Eles têm a maior audiência e acho que eles provavelmente refletem mais do que nunca o isolamento do nosso tempo.

Gus: Isso é algo que queria abordar. Como você disse, você falou sobre "preencher o vazio". Pra mim, o Giant Bombcast, esses caras, é o meu podcast de "sim, vou apertar o play aqui porque eu quero ouvir esses caras falarem e vou ter alguma companhia". E, agora que estamos presos em casa por longos períodos de tempo, acho que é uma necessidade pra muito mais pessoas. Mas ainda acho que há uma razão pras pessoas ouvirem podcasts que não são do formato de roda de conversa. Eu estava conversando... Não lembro com quem, mas quando perguntei se conhecia A Life Well Wasted e eles falaram "então, esse foi o podcast me fez escutar podcasts". E isso é meio que o tema que ouvi de muitas pessoas. Tipo, podcasts que não são uma roda de conversa de participantes gritando uns com as outros são realmente a porta de entrada pra mídia pra essas pessoas. Então eu acho estranho que de alguma forma a gente tem essa mídia. Tipo, todos disseram que querem ouvir um bando de caras conversando. E então você tem esses programas superproduzidos e eles, alguns deles são enormes como This American Life, mas a maioria das vezes as pessoas estão escutando que nem "eu só preciso ouvir pessoas conversando porque preciso me sentir perto das pessoas".

Robert: É engraçado como um podcast estilo narrativo realmente bem produzido não dá o mesmo tipo de companhia que um programa de conversa dá. Também exige sua atenção, tem algo tão sem compromisso sobre ligar num podcast de falatório. Porque, eu escuto muitos audiolivros, na verdade, mas algumas vezes eu estou muito distraído. Tenho a cabeça cheia de coisa e não consigo me controlar, mas eu não quero ficar sozinho.

Gus: E é difícil voltar pra algo como um audiodrama ou audiolivro.

Robert: Totalmente, é por isso que é muito difícil pedir a alguém pra escutar A Life Well Wasted. E às vezes quando penso nisso é meio audacioso porque eles são bem longos. Alguns programas que fazem coisas similares hoje em dia continuam curtos, quinze ou vinte minutos de duração e exigem menos da sua atenção. Mas o tempo todo eu ficava "*Bem-vindo ao programa*", e você escuta a coisa toda por uma hora.

Gus: Bem, eu acho que você usou os elementos musicais bem porque isso é algo que, quando você não tem o componente visual daquilo, você precisa de algo que toque no seu ouvido e faça "você não está prestando atenção a essa última coisa. Reinicie, outra pessoa vai falar agora. Vamos pra próxima entrevista ou algo vai acontecer".

Robert: Sim, sim. Acho que parte disso não era natural. Veio naturalmente pra mim. Mas também parte disso devo dizer que, durante todo o tempo que fiz aquele programa, eu tive todos os tipos de crise de confiança, "quem quer ouvir essa merda?". Como se isso fosse tão chato. E estava sempre procurando por momentos pra ser engraçado ou triste, ter algum tipo de emoção, ou riso, ou apenas ter algum tipo de energia. Se a qualquer momento que as coisas ficassem estáveis demais, as pessoas simplesmente iam desligar ou parar de prestar atenção. Então eu sempre tento manter o nível de energia do que está acontecendo constantemente no alto, o que eu acho que faz as pessoas sintonizarem em vez de deixarem suas mentes vagarem em seus próprios pensamentos, você tem que gostar constantemente de ocupar o cérebro.

Gus: Uma coisa muito legal que eu lembro (falando sobre o quão imersiva essa média pode ser) é o fato de normalmente você usar fones de ouvido quando está escutando podcasts. Realmente te transporta. E, então, lembro quando você entrevistou o Mike Mika, e a gente ouvia você entrando no porão dele com ele. O fato de você fazer entrevistas pessoalmente eu acho que foi muito benéfico pro programa. É algo que você pensa agora que, sabe, estar com outras pessoas presencialmente é difícil.

Robert: Cara, estar presencialmente pra entrevista é tão melhor. E eu tenho histórias que não são presenciais que funcionaram ok, mas as melhores são definitivamente presenciais e penso sobre entrevistas em específico que não funcionariam de outra forma.

Eu entrevistei essa mulher chamada Jeri Ellsworth, que era tipo uma inventora, uma engenheira genial e ela trabalhou na Valve. Depois que eu a entrevistei, ela virou chefe do departamento de RA (Realidade Aumentada). Eles tinham dois projetos concorrentes: Valve RV e RA, e o Valve RV perdeu... Você pode esperar um momento? Desculpa, meus filhos tão gritando.

(Robert dando aquela bronca nas crianças, resolvi não transcrever)

Desculpe, cara. Então, sim, quando a entrevistei, fui vê-la falar nesse evento chamado Maker Fair em San José. E ela era muito tímida e eu perguntei se eu poderia entrevistá-la. Precisávamos de um lugar silencioso porque era um evento com muitas pessoas e então acabamos indo pro meu carro. Sentei no banco do motorista, ela, no banco do passageiro, e não nos olhamos nos olhos. Tínhamos aquele tipo de conversa que você tem com as pessoas quando você está em um carro, que às vezes você pode ficar mais pessoal porque você não está fazendo contato visual; e ela contou muitas histórias pessoais que fiquei surpreso ao ouvir dela, porque ela não parecia ser assim, e eu não seria capaz de fazer isso no telefone com alguém.

Gus: Eu me lembro que essa entrevista foi fascinante pra mim porque eu ouvi o podcast por causa do livro este ano. E eu pesquisei a Jeri depois da entrevista e é incrível o que ela acabou indo fazer. E, então, se você quiser voltar, fazer mais episódios, como você acha que um pouco dessa sensação pessoal pode ser trazida de volta, se é que pode, virtualmente?

Robert: Assim... Eu não tenho certeza... Eu acho que você não pode substituir as entrevistas pessoais. Eu fiz algumas entrevistas de longe, embora tenha um pouco dessa faísca, às vezes é apenas sobre como chegar a um assunto que alguém quer falar com você sobre, como o episódio em que venho trabalhando desde sempre, não vou estragar a história. Mas envolve várias pessoas. Duas ou três das quais entrevistei pessoalmente, mas um dos caras era repórter na China na época. E só posso falar com ele pelo Skype. A parte dele da entrevista acabou sendo muito boa, talvez parcialmente porque ele é um jornalista e então ele meio que sabia do que eu precisava, como se ele não tivesse problemas em se comunicar comigo. Mas acho que há uma grande arte em conseguir se abrir com alguém. E você pode fazer isso por telefone. Se você puder fazer uma conexão com alguém, você só precisa estar disposto, estar interessado em tudo que eles dizem. Acho que meu único bom poder de entrevistador é parecer, tipo, não é apenas que eu pareça estar interessado, eu apenas meio que estou muito interessado em falar com alguém sobre sua vida ou o que eles estão fazendo. E muitas pessoas pagariam alguém pra ouvi-los e eles chamam isso de terapia, mas se você os entrevistar pra um podcast, ou algo assim, é de graça e eles falarão sobre si mesmos sem parar.

Eu tive pessoas sendo entrevistadas por mim. Elas tentaram me encontrar mais tarde naquele dia pra que pudessem continuar falando comigo novamente. Eu tive um cara me perseguindo em São Francisco uma vez e apareceu em um show que eu fui porque ele só queria continuar falando sobre si mesmo, depois de já falar por algumas horas. Então muitas pessoas realmente precisam conversar e você pode fazer isso pelo telefone. Você só tem que estar disposto a gastar muito tempo. E isso é a razão pela qual aquele programa foi tão trabalhoso pra mim. É porque eu entrevistava alguém às vezes por quatro ou cinco horas e eu só utilizava, tipo, dez minutos e às vezes até pior do que isso.

Lembro do John Romero, o designer do Doom, fui entrevistá-lo em seu escritório e ele falou comigo a manhã toda por cerca de quatro horas e depois fomos almoçar. Então voltamos e eu tive que subir meu áudio em seu laptop, pra então gravar mais. E então, tipo, eu finalmente fiz uma história com isso e acho que a história toda tem cerca de dez minutos de duração.

Gus: Esse é o tipo de coisa que te devora por dentro. Tenho entrevistas de dez, quinze anos ainda que penso "bem, talvez um dia eu possa usar isso" ou algo assim.

Robert: Sim, e eu sei que está tudo bem. É mais ou menos como, usando uma comparação com música às vezes, quando você escreve canções. Se você é um compositor, as melhores músicas são aquelas em que você está superfrustrado e não consegue terminar. E você volta pra ela de vez em quando. E, então, tipo, oito anos depois, por algum motivo, você finalmente termina e fica, tipo, "ah legal". Acaba que você está trabalhando em algo o tempo todo. Às vezes, uma entrevista só não faz sentido. Você não pode descobrir como fazer uma história com isso até que você ouça várias vezes. Até ouve com a mente fresca anos depois e diz "oh, legal, yeah", há algo aqui.

Gus: E eu aposto que isso aconteceu muito. Eu não sei o quanto da estrutura dos episódios você sabia antes de começar, mas eu acho que ao ouvi-los, parece que muito do tema geral desses episódios poderia ser aplicado retroativamente. Você sai, tem a sensação de que isso vai ser o limite aqui. Mas, quando você fala com essas pessoas, você descobre "ah, talvez haja um tema maior aqui". Podemos juntar essas coisas e talvez coisas que você achava muito valiosas não são mais, mas um pouco à parte ou algo que se transforma em algo importante.

Robert: O único episódio que eu realmente fui conhecendo o tema foi o primeiro e foi só porque a revista, a *EGM*, estava fechando e eu tinha um gravador que comprei apenas pra fazer música. Na verdade, eu estava apenas brincando com ele e eu decidi entrevistar todos sobre isso. E então eu já tenho um tema muito sólido e sabia que história eu queria contar.

Sobre os outros episódios, eu tinha um documento que era apenas uma lista de entrevistas que eu tinha mais as que eu queria conseguir. E era quase como encontrar uma boa história nelas e eu iria agrupá-las de qualquer maneira que pudesse descobrir. Às vezes o tema era muito fraco e às vezes as pessoas ficam irritadas por causa disso porque elas querem uma verdadeira investigação real sobre uma ideia e esse não é o meu estilo. Não sou um jornalista contundente. Na verdade, estou apenas conversando com as pessoas e pensando o que posso fazer com isso. Mas, sim, você pode encontrar muito de histórias diferentes em quatro horas de entrevista. Há diferentes ângulos que você pode usar pra combinar um tema ou algo assim.

Gus: Falando em produção, você tocou um pouco no fato de que você é um músico. Você fez a trilha sonora de todo o programa e eu acho que há qualidade no podcast e na música que você fez com "I Come To Shanghai" [grupo musical de Robert Ashley que compunha as trilhas de seu podcast], que é realmente envolvente de certa forma, é propício pra você fechar os olhos e simplesmente estar lá. E me lembrou do William Gibson, que disse que "o Walkman é a tecnologia de realidade virtual definitiva". Apenas colocar fones de ouvido é realmente a melhor maneira de se transportar pra outra realidade. E é um dos poucos programas, ou álbuns, que eu posso realmente fazer isso, e só querer ficar lá, e ouvir muitos daqueles podcasts que são apenas pessoas conversando, e não há trilha sonora, e não há nada. São boas peças que acompanham a vida cotidiana, pegar um ônibus, lavar louça, mas apenas ter toda aquela paisagem sonora ali era algo que você almejava, tipo, "oh, eu vou atrair as pessoas pra isso?".

Robert: Não sei se busquei tanto por isso e se era por isso que estávamos obcecados. Antes do iPod eu era um grande proprietário de fones de ouvido. Vivíamos em Washington logo depois da faculdade e lembro de ter comprado um fone enorme da Sennheiser e de conectar ao meu discman. Andava pela rua e as pessoas olhavam pra mim como se eu fosse uma aberração total. "O que há de errado com esse cara?"

Gus: Eu era 100% essa criança.

Robert: Todo mundo sabe disso e é um prazer que todos encontraram. Mas, quando eu tinha 20 e poucos anos, era exatamente onde eu queria estar. Queria estar imerso no som e era obcecado por isso. Eu estava morando em D.C. e andando por todos os lados. Quando eu estava no trem adorava ser transportado pela música. Mas, você sabe, ser transportado pelo rádio é praticamente a mesma coisa... Sim, eu não sei. Eu também estava mixando todos os nossos discos em fones de ouvido. Sou um enorme fã de fone de ouvido, detalhes e coisas tendem a chamar minha atenção e me puxar pra dentro. E eu também diria que o que é engraçado é que o A Life Well Wasted tem a reputação de ser um podcast de alta fidelidade. Mas tudo que usei foi muito antigo e super *lo-fi*. Tipo, superbaixa qualidade e eu estava constantemente mudando o tom das coisas usando um software muito antigo que tinha uma taxa de bits muito antiga. É parecido com pessoas mexendo em um *sampler* antigo do que o super *hi-fi* moderno que você pode fazer com um bom software. E eu ainda uso, eu mantive meu sistema congelado em âmbar basicamente. Não adicionei nada a ele, em termos de software por seis ou sete anos e eu gosto exatamente como é. Então eu apenas... Eu não quero aprender nada novo agora, só quero criar coisas com ele.

Gus: Você parece ter feito a coisa certa, porque eu ainda sinto falta de alguns dos plug in que perdi nessa coisa toda de mudar pra 64 bits. Há apenas coisas que eu... Você não pode voltar pra um projeto.

Robert: O processo de aprendizagem pra aprender um novo software, gosto de fazer isso, mas não tenho tempo pra isso agora. Um dia vou fazer um upgrade e vou enlouquecer aprendendo coisas novas. Mas agora eu conheço todas as minhas ferramentas muito, muito bem e não tenho que ficar doido com elas. Posso conseguir exatamente o que quero.

Gus: Algo que eu queria abordar no início, mas me perdi nas minhas anotações, é: como você escolheu o nome? Acho que é um nome incrível pra um programa sobre videogames ou hobbies em geral, na verdade. Como você criou?

Robert: Eu acho que estava realmente na defensiva sobre minha conexão com This American Life. E então acreditei que disse às pessoas que não tinha nada a ver com isso no momento. Mas acho que foi muito inspirado por This American Life e meus sentimentos ruins sobre mim e minha vontade de passar uma grande parte da minha vida na frente de um monitor ou uma TV jogando games que eu tinha muito... Tipo, bloqueios sobre isso e então acabou sendo isso... sim... Eu não consigo me lembrar exatamente, mas eu tenho certeza de que veio dessas duas coisas.

Gus: Acho que ser um título mais longo ajudou a diferenciá-lo da maioria dos podcasts de videogame da época, que geralmente era "pressione start", geralmente com duas palavras. *Game over.*

Robert: Eu estava em um programa chamado Games for Windows Radio, que porra é essa?

Gus: Sim, o Brodeo.

Robert: Eu não contaria a ninguém que estava em um podcast chamado The Brodeo.[5]

Gus: Sim, é inexplicável e acho que uma das coisas que mostra algo do programa que você pode voltar dez anos depois. É que poucas coisas daquela época de cultura de videogame e cultura on-line

---

5 Podcast sobre videogames que fazia parte do grupo de programas GFW Radio, hospedado no site 1UP.

que não foram completamente arruinadas em retrospecto.

Robert: Eu me sinto muito bem sobre isso, não tenho coisas ruins na série das quais me arrependo. Eu gostaria de dizer isso se eu fizesse, mas acho que parei pra pensar muito sobre essas coisas.

Gus: Bem, essa é a diferença, certo? Quando você está apenas sentado lá conversando, você não dá muita importância às coisas, mas é isso que o torna tão aceitável a...

Robert: Provavelmente há coisas que eu disse no GFW Radio que eu ficaria "eeehhhh".

Gus: Sim, sim, provavelmente, porque você sabe exatamente que o tempo passa e as pessoas mudam e crescem. Mas, sim, especialmente a cultura dos jogos. É uma coisa tão agridoce entrar nessas memórias. Desde que deixei de jogar profissionalmente, eu realmente não queria olhar pra trás, pra todo aquele tempo, porque, tanto do que foi envenenado, são os mesmos fóruns e lugares de onde coisas horríveis como GamerGate[6] e outras coisas saíram.

---

6 Controvérsia sobre corrupção e machismo no jornalismo e na comunidade de fãs de videojogos que teve destaque no cenário internacional entre 2014 e 2017.

Robert: É tão estranho pra mim. Um dos meus trabalhos como freelancer pra Ziff Davis era vasculhar a seção de cartas da *EGM*. Então eu examinava todas as cartas e escolhia o que era respondido. O tom e conteúdo de tantas das cartas era sobre alguém que ficou puto porque a gente não gostou de um jogo que eles amaram. Sempre eram rápidos em dizer que estávamos sendo muito bem pagos pra dizer coisas boas sobre um jogo de que eles não gostam. Era um papo muito conspiratório. Mas você imagina que a mídia é controlada por pessoas com dinheiro e é estranho pra mim. Vejo também que, nas brigas em fóruns gamers daquela época, essas coisas se tornaram cultura política. Era como nós discutimos sobre política agora, que é, honestamente, a pior coisa do mundo. Era tão frustrante a maneira que as pessoas discutiam sobre games. Eu simplesmente posso acreditar que acabou de se tornar nosso discurso político e veio do lado nerd da internet, como Slashdot e NeoGAF, e tudo mais.

Gus: Foi algo que até no programa GFW vocês zombaram da imagem que tínhamos desse nerd prototípico do fórum. Esse cara não sai de casa sempre, é misógino, é supernerd e está muito envolvido emocionalmente com essas coisas. De alguma forma isso se tornou a voz principal no discurso político [atual].

Robert: Acho que realmente subestimamos quantas pessoas estavam naquele estado meio isolado sem realização. Quero dizer, há muitas pessoas por aí que não têm mais nada e encontram algo que as abraça e as radicaliza, é muito estranho. Mas, sim, a cultura gamer pode ser uma chatice. Eu sempre pensei nisso porque quando eu tinha... Eu tenho 42 anos; quando eu estava crescendo, o videogame era uma coisa estranha e era pra todos os malucos. Não existia esse policiamento de "trans de cabelo roxo, caí fora" ou "sua política liberal blá-blá". Eram apenas as crianças mais estranhas. Então é estranho ver as pessoas tentando manter a cultura masculina branca como se os jogos fossem assim. E eu ainda mantenho minha conexão com o lado estranho dos jogos e mantenho o interesse em todas as coisas legais que ainda são feitas. Ainda há uma grande cultura de jogos por aí, mas não aquela que é relatada na TV ou qualquer outra coisa, é um lugar menor.

Gus: É muito mais amplo hoje. Tenho 30 anos, então vivi os jogos de PC dos anos 1990. E, quando estava no colégio, a cultura dos jogos era, em geral, GTA. Não foi explicitamente misógino e odioso da maneira que vemos agora, mas talvez... Estava lá, você sabe, matar prostitutas era definitivamente algo que todo mundo estava fazendo naquele jogo e eu não acho que jogar aquele jogo te torna uma pessoa horrível, mas eu acho que se nós tivéssemos mais programas, como A Life Well Wasted ou uma mídia mais madura sobre jogos naquela época, talvez não fosse um problema tão generalizado.

Robert: Eu acho que esse jogo permitiu que muitas pessoas jogassem suas ideias estranhas, ele em particular... Meu filho de 6 anos realmente passou por um período de ficar obcecado por jogar o mod familiar de GTA V, que é como tirar a física dos Ragdoll pra que você não possa atropelar as pessoas, e não há armas, e não há nenhuma história, não há nada, é como dirigir alguns carros em um grande mundo aberto... Logo quando a pandemia atingiu e todos nós estávamos presos aqui, deu a eles alguma liberdade. Mas é como um daqueles jogos que, sim, você pode encontrar em um monte de coisas lá, que, se você for certo tipo de pessoa, você pode expressar seu lado mais sombrio.

Gus: Bem, obrigado por falar comigo. Este é o momento em que faço a grande revelação de como isso deu uma volta completa. Na verdade, em 2009 eu acho que tuitei pra você, tipo, "qual gravador eu deveria comprar pra gravar um podcast?", e você me disse pra comprar um Zoom, e agora estamos aqui. E agora tenho uma produtora que faz podcasts. Então, obrigado!

CAPÍTULO 3

GRAVANDO

Aaaahhhhh... o momento de gravação, finalmente! Hora de fazer a magia acontecer, de produzir algo mais sólido, mais próximo daquele ideal que existe na sua cabeça desde antes de comprar este livro!

Assim que você estiver confiante de que tudo está pronto para começar a gravar, com roteiros e pautas finalizados, todas as trilhas incidentais e efeitos sonoros selecionados e separados, os convidados agendados e seu papel como apresentador (se for o caso) definido, podemos partir para a parte que os ouvintes vão consumir.

Mas, assim como o resto deste livro, é claro que existem etapas e detalhes que precisam ser considerados para que você tenha o melhor resultado possível e para que seu podcast saia conforme o planejado. Vamos lá?

EQUIPE

A produção de podcast pode ser um esforço solitário (e, se você for seguir esta linha, eu te saúdo, guerreiro) ou envolver equipes de tamanho razoável, entre produtores, equipe de som, responsáveis por agenda, roteiristas e editores. Os programas que ficam sob o guarda-chuva de jornais ou outras publicações, por exemplo, costumam ter toda a produção terceirizada, como é o caso da Rádio Novelo, que produz os podcasts da revista *Piauí*, mas não é o caso de toda empresa grande: a Rádio Companhia, podcast da editora Companhia das Letras, tem roteiro, apresentação e direção internos – tudo feito pelo Paulo Júnior – e apenas a edição é feita por outra pessoa.

A beleza desse meio é que você consegue moldar todos os aspectos de acordo com o tamanho da sua ambição e do seu bolso. Caso você possa pagar, ou se tiver um colega super na pegada de ganhar absolutamente nada além de satisfação pessoal, recomendo que você contrate pelo menos um produtor.

Produtores salvam a vida. Sério.

Quando um podcast tem um produtor, essa entidade mitológica é responsável por, bem, *produzir* o programa. Produzir o programa envolve uma montanha de coisas, entre elas criar e acompanhar o cronograma do podcast, encontrar histórias e/ou personagens, agendar e pré-entrevistar convidados, escrever roteiros, acompanhar gravações, dirigir sessões de gravação das partes "frias", supervisionar a edição dos episódios, revisar, preparar todo o material de publicação, buscar anunciantes e produzir spots, planejar (e até fazer) a divulgação do material e interagir com ouvintes nas redes sociais e/ou por e-mail. Ou seja, tudo que eu te disse e tudo que ainda vou dizer para você fazer.

Um produtor pode levantar vários pesos do fardo de fazer um podcast, deixando todo o processo mais fluido e mais organizado – mais *profissional* –, permitindo que seu podcast cresça muito mais rápido e com muito mais qualidade.

Sei que às vezes a vontade de fazer tudo, de ter controle total e absoluto sobre todas as etapas, pode te fazer ver com maus olhos toda essa história de ter outra pessoa tomando decisões sobre diversos aspectos do seu podcast (e essa sensação só aumenta proporcionalmente com sua paixão pelo projeto). E, certamente, é possível fazer tudo sozinho – o podcaster Nate DiMeo passou anos fazendo o podcast The Memory Palace sozinho, jogando um edredom por cima da cabeça na hora de gravar para abafar ruídos externos –, mas recomendo fortemente que você lute contra esse impulso e encontre alguém para trabalhar com você na produção. No fim das contas, quanto mais gente envolvida, mais fácil o trabalho fica, além de deixar mais viável superar os limites tanto técnicos como criativos do seu programa.

Você também pode contratar locutores, dependendo do formato do seu podcast. Não é difícil encontrar locutores profissionais hoje em dia, com os mais variados valores de cachê. Graças ao "grande acontecimento de 2020" (mais uma menção à pandemia, agora já garanti o espaço deste livro na lista com certeza), muitos deles montaram estúdios em casa e são capazes de entregar um trabalho excelente de forma totalmente remota.

Trabalhar com locutores é delicado. Tem seu lado bacana de acrescentar vozes claramente treinadas para fazer isso ao seu projeto, mas vai exigir uma direção muito boa da sua parte (ou de quem for produzir/dirigir o podcast) para que fique condizente com a sua proposta. Tem que equilibrar com o tom do programa, a temática, a ideia central, tudo aquilo que repito em quase cada parágrafo deste livro. É só abrir o Spotify para ser bombardeado com milhares de podcasts que contam com uma locução que beira o robótico, que causa aquele estranhamento quando ouvimos e que pode chegar até a tirar o ouvinte do clima do programa, potencialmente fazendo com que ele desista de terminar aquele episódio e largar seu programa para todo o sempre.

Também temos os editores, santos que tornam muitos programas possíveis, mas vou falar sobre a relevância deles mais para a frente, na seção dedicada à edição. Só deixo antecipado aqui que, se conseguir só uma outra pessoa para sua equipe, arranje um editor. Pode confiar no tio aqui.

EQUIPAMENTOS

A qualidade do seu equipamento será refletida na qualidade do seu podcast, simples assim. Talvez o ouvinte não perceba muita diferença entre uma gravação de microfone com ou sem condensador, mas ele *certamente* notará se você gravou com o fone de ouvido que veio com o seu celular, via Skype. E, acredite, um som ruim vai limitar sua quantidade de ouvintes.

Pelo menos na época em que escrevi este livro, é praticamente inevitável gravar remotamente se o seu programa precisa de qualquer outra voz além da sua. Mas isso não significa que você precisa se resignar a um áudio tão ruinzinho e suscetível ao humor dos deuses da banda larga.

Seu equipamento mínimo para fazer um podcast que já ultrapasse a barreira do amadorismo consiste em:

- um microfone decente;
- um fone de ouvido decente;
- um gravador decente.

O *microfone decente* vem para, obviamente, fazer seu som ficar melhor. Podcast é um meio sonoro e quase sempre composto por mídia *falada*. Então é importante que seu instrumento para captar essa fala seja bom, até mesmo para que o ouvinte possa entender o que você disse. Não é preciso gastar milhares de dinheiros em um microfone superpoderoso e top de linha; para a maioria dos casos, especialmente no começo, basta que ele te faça soar bem, que capte sua voz de forma clara sem captar também todos os cachorros latindo num raio de três quarteirões.

E não se desespere, já que existem inúmeras opções de microfones por aí: é só fazer uma busca no Google por "microfone condensador" e escolher um que não pareça barato demais para ser verdade ou então passar numa loja de instrumentos musicais e explicar para o pessoal que trabalha lá o que você quer fazer – dá para arranjar algo que quebre o seu galho por um tempo considerável sem gastar os tubos (dá para encontrar algo até abaixo de 100 reais, pelo menos até a data de produção deste livro), principalmente se você tiver um ambiente de gravação adequado. Mais sobre isso daqui a pouco.

Durante muito tempo, um headset da Microsoft, o LifeChat LX-3000, foi o equipamento ícone do podcast nacional. Se sua principal plataforma de gravação for o próprio computador e seu orçamento é apertado, vá fundo; não é, de forma alguma, uma opção ruim para quem não quer fazer das jacas pantufa no quesito investimento inicial. Esse headset foi criado para o *público gamer*, mas seu microfone vem com um sistema de redução de ruídos e um minicondensador embutido, dando uma qualidade acima da média para o que você for gravar com ele.

Se optar por um microfone tradicional, já considere também o custo do tripé para segurá-lo enquanto você usa. Há várias opções no mercado que já vêm com um tripezinho por um preço bacana, então não vai ser um grande problema – só não esqueça disso para não ter que ficar segurando o microfone o tempo todo feito o Faustão.

O *fone de ouvido decente* suplementa o papel do microfone, já que ele te permite saber *como* você será ouvido enquanto grava. Esse retorno auditivo vai ser muito estranho no começo, caso você não esteja habituado, mas ele é uma ferramenta bastante útil para acompanhar sua própria performance e já ajustar ao vivo o que for preciso, poupando muito esforço na edição e até mesmo salvando gravações que, sem o recurso, seriam inutilizáveis.

E, sim, um fone de ouvido comum já resolve muita coisa. Você pode deixar um fone potente e belissimamente equilibrado entre graves, médios e agudos para mais tarde, quando sua obsessão por detalhes poderá ser financiada por patrocinadores ou pela audiência – um fone de ouvido dos bons é mais *importante* para o editor do que para o apresentador ou o convidado, no fim das contas. É uma boa praticar um pouco com o fone de retorno antes de partir para uma entrevista profissional com um convidado, já que é bem fácil perder a linha de raciocínio nas primeiras vezes em que você escuta sua voz projetada imediatamente de volta para o seu ouvido.

Fechando a trindade básica de equipamentos, temos o *gravador decente*. E, mais uma vez, apesar de você ser capaz de usar um daqueles minigravadores de jornalista dos anos 1990 (aquilo ainda existe?), que, se usado em ambientes externos, seu som vai ficar um pesadelo, estou falando aqui de gravadores XLR, como os vendidos pela Zoom (o H4N é outro produto-referência do podcasting brazuca), Marantz, Tascam, Panasonic e várias outras empresas. Esse costuma ser o item mais salgado dos equipamentos, mesmo se você partir para um modelo menos famoso, e faz sentido: esses gravadores são como pequenas ilhas de edição, permitindo que você tenha um controle enorme da captação de som.

Os gravadores são bons, além do controle na captação, por te darem uma opção mais portátil. É bem fácil de levar um gravador com um par de microfones decentes na mochila e encontrar o entrevistado na casa dele, no seu lugar de trabalho ou seja lá onde for. Isso pode te ajudar a passar a ideia de comprometimento sem você precisar projetar aquele ar de profissionalismo do estúdio de gravação bem equipado que você certamente não tem.

Mas atenção: caso seu podcast dependa muito de gravações ao ar livre ou em lugares inusitados, lembre-se de sempre ter em mãos acessórios de microfone – por exemplo, os abafadores, fundamentais para se conseguir entender qualquer coisa dita num ambiente no qual está ventando –, *muitas* baterias e, pelo menos, dois cartões de memória sobressalentes. O seguro morreu de velho e sem querer jogar a mochila de equipamentos no córrego por perder metade de uma gravação.

Pequena nota (eu poderia ter voltado na parte certa e incluído lá, mas acho mais honesto com vocês mostrar quando eu lembro de algo depois): mesmo gravando em casa, não torça o nariz para acessórios. Um suporte de microfone garante que o volume da sua voz oscile bem menos do que se ele ficar na sua mão, enquanto um abafador (o famoso "pop filter") corta sons mais secos e duros da sua voz, que ocorrem naturalmente quando você está falando.

É importante, antes da compra, prestar atenção se seus equipamentos são compatíveis: o XLR que mencionei faz referência a um tipo específico de conector de microfone, que certamente não vai ser compatível com o seu computador, nem com aqueles pinos que parecem a versão anabolizada dos conectores de fones de celular. Você tem duas alternativas: predefinir seu equipamento de captação e padronizar todos os seus conectores e ferramentas ou mergulhar num oceano de adaptadores, conversores e uma penca de parafernália que você terá que carregar por aí o tempo todo. O ghost-writer deste livro, por exemplo, usou durante muito tempo um microfone Arcano preso na mesa com um braço articulado e um cabo XLR-USB para plugá-lo diretamente no computador. Dá para adaptar.

Além dos equipamentos, você precisa sempre considerar o ambiente de gravação, como eu já repeti várias vezes nesta parte. Uma sala muito vazia vai te fazer soar como se estivesse dentro de uma lata de achocolatado, gravar numa feira livre, apesar de te dar uma ambientação maneira (dependendo do que você está buscando), vai complicar a compreensão do que você ou o entrevistado está dizendo. Como já mencionei, tem gente que se cobre para gravar e abafar o áudio, tem gente que cola isoladores de ruído num cômodo inteiro e tem gente que deixa o barulho da moto passando na rua no áudio final mesmo. O "faça você mesmo" tem dessas. É justamente para que nenhuma situação ou lugar de gravação não te pegue de calças curtas que há tanta coisa para se considerar e planejar antes de botar a mão na proverbial massa.

No caso de gravações que aconteçam pela internet, o ideal é que cada pessoa participando tenha esse set básico de microfone/fone de ouvido/gravador para conseguir gravar a própria voz separada e te enviar o arquivo mais tarde para edição, mantendo a qualidade do áudio nas duas pontas da conversa.

E dá para ter ainda mais peças nesse equipamento de gravação, para quem quiser ir além na complexidade. Se você já assistiu a alguma gravação de podcast ao vivo no YouTube, como virou praxe de alguns programas para construir uma audiência que ultrapasse as barreiras das mídias, deve ter notado que várias delas contam com uma mesa de som ou mixer. Eles servem para nivelar vários canais de som ao mesmo tempo e, quando você tem um microfone em cada canal, consegue equilibrar lindamente as vozes de todos os participantes. Isso também pode ser feito num gravador, como o H4N ou o H5N (que tem ainda mais canais), ou até mesmo na edição, mas a vantagem da mesa – caso você tenha um estúdio, é claro; não dá pra ficar andando por aí com toda a aparelhagem – é permitir a inserção de outros sons, efeitos e até mesmo uma ligação telefônica. Vários programas aproveitam isso para fazer uma "edição ao vivo", especialmente quando o programa também é transmitido ao vivo por vídeo. Com um pouco de prática, esse estilo de gravação/edição pode gerar resultados interessantes.

E você também pode ter acesso a equipamentos de primeira com tudo que você tem direito logo de cara, mas sem comprar absolutamente nada: basta alugar um estúdio. Existem estúdios especializados na gravação de podcasts hoje em dia, mas praticamente qualquer estúdio de som consegue te entregar o serviço necessário. O que você vai ter depende muito do quanto vai pagar. Só fique atento, caso parta para essa opção, se está recebendo um serviço proporcional ao custo – diárias mais caras normalmente equivalem a um suporte ao vivo de, pelo menos, um técnico, o que pode te ajudar bastante, especialmente no começo. Se o seu podcast envolver convidados e você estiver preocupado com o profissionalismo, um estúdio alugado já passa mais credibilidade que aparecer na porta do entrevistado com um gravador.

Mas olha só: na real, você não precisa de *nada* disso. Se você tem uma ideia boa, uma vontade incontrolável de fazer podcast e nenhum dinheiro para investir, dá para fazer tudo pelo computador, com o fone que veio com o celular e uma seção no Skype ou outro serviço de conferência de sua preferência. A necessidade desse investimento virá com o tempo, conforme você mesmo acabar se cobrando mais em detalhes técnicos da produção. A origem do podcast brasileiro é conversa gravada via Skype, faz parte do DNA da coisa – para melhor ou para pior.

As duas diferenças que um equipamento robusto traz são a qualidade de som e a facilidade de edição – é infinitamente mais fácil de corrigir e acertar a conversa quando cada voz está em seu próprio canal ou arquivo separado, e a remoção de qualquer ruído é praticamente garantida.

O "pulo do gato" para tirar o máximo de proveito do que você tiver à sua disposição é adequar o projeto ao material: só pode gravar pelo computador? Que tal um podcast de contação de histórias? Os integrantes só podem se reunir on-line e não têm um microfone maneiro? Faça um programa mais informal e escrachado para combinar mais com o resultado final do aspecto técnico. Precisa gravar os convidados com seu celular? Inclua uma coisa mais de reportagem jornalística, com trechos gravados no caminho até o lugar, tornando o som mais aberto do microfone de celular parte da narrativa. As possibilidades só são limitadas pela sua criatividade.

Você pode *parecer* profissional sem, de fato, ser profissional. Lembre-se sempre disso e abuse dessa máxima.

Mas, depois que você gravar o áudio do episódio, vai precisar passar a etapa que pode ser a mais exaustiva, cara e complicada da produção: a edição.

EDIÇÃO

Nos primórdios do podcast brasileiro, era comum que o próprio podcaster editasse seus programas, aprendendo conforme os episódios eram feitos. Alguns ainda fazem isso, mas boa parte dos programas grandes tem editores ou estúdios que editam seus episódios para eles. Ter um editor vai te livrar de muitas e muitas horas de trabalho num programa de edição de áudio e, se você não tiver experiência, vai te aliviar de uma curva de aprendizado dolorosíssima.

Eu levei catorze horas para editar meu primeiro episódio de podcast. Catorze. Horas. Tinha um total de oitenta minutos gravados, que viraram um programa de quarenta e cinco minutos. São oitocentos e quarenta minutos de trabalho para acabar com quarenta e cinco, veja bem. Conforme peguei a prática e passei a apanhar menos do software de edição, cheguei numa média mais confortável, de levar aproximadamente duas vezes o tempo do material bruto para editar um episódio.

Assim que pude, passei isso a outra pessoa e minha vida foi muito mais feliz, considerando que o podcast saía semanalmente.

Hoje em dia é um pouco mais fácil de aprender a editar um podcast, não faltam tutoriais no YouTube – especialmente se você entender inglês. Com paciência e dedicação, é possível fazer um trabalho bem competente por conta própria até mesmo com programas gratuitos de edição de áudio. É claro que tudo fica mais fácil com acesso a programas pagos, como o Adobe Audition ou o Pro Tools, mas não é nem um pouco necessário, ao menos num primeiro momento – imagino que, depois de experimentar o que é editar, você vai querer se livrar dessa demanda o quanto antes.

Por mais que seja demorada e trabalhosa, a edição é fundamental para montar seu podcast. É nela que você vai montar na prática tudo aquilo que formou o conceito do seu programa, conforme o que eu disse lá nos primeiros capítulos. Na edição, você altera a realidade do que documentou para montar a narrativa do jeito que quiser, para, então, transmiti-la ao ouvinte. É quase como o papel do documentarista, que dá o seu ponto de vista e sua opinião usando o registro do que acontece na frente da câmera.

É a edição que define exatamente como vai ser a expressão do seu tom e do seu ritmo, conforme você decide o que cortar e o que manter. Existem podcasts que removem qualquer respiro, pausa e massacra os "és" e "ahns", transformando o programa em uma corrida alucinada feita entre robôs que não param de falar nem por um instante. Por outro lado, outros programas parecem mais com aquelas longas aulas da matéria mais chata feita pelo seu professor menos favorito, se transformando num monólogo extremamente lento e monótono – sabe, aquele episódio que você salva e sempre usa quando está com dificuldade para dormir.

Pode ser que a *proposta* do seu podcast se beneficie de um ritmo mais alucinado ou *bem* mais lento do que o normal, mas, tirando casos muito específicos, é melhor tentar manter algo mais próximo do discurso natural. Quanto mais seu áudio se aproximar de algo que as pessoas estão habituadas a ouvir, menos a audiência vai se distrair. Também é na edição que a importância de já ter uma duração predefinida aparece: planejar programas de duração similar, além de ajudar os ouvintes a encaixarem seus episódios na rotina, te permite melhorar a forma de contar as histórias e de conduzir entrevistas. É claro que você não precisa sempre ter a *mesma* duração em cada episódio, no entanto é importante não deixar uma entrevista acabar com duas horas a mais do que o normal umas duas vezes por mês. Tanto seu editor quanto seus ouvintes vão enlouquecer.

É também na edição que você vai testar todas aquelas inserções de efeitos sonoros e vinhetas que você tinha na cabeça (e que provavelmente já ouviu em trocentos programas por aí), além de entender como a trilha sonora vai interagir com o áudio principal. É importante nivelar bem todos os elementos, primeiramente para um efeito aleatório não estourar o tímpano do ouvinte, mas também para conseguir aproveitar a trilha de fundo para ressaltar momentos específicos do seu podcast; este efeito é especialmente importante em programas que dependem basicamente do narrador para contar uma história.

Tem muito programa por aí que usa músicas como trilha de fundo, além de programas musicais que criam playlists ou se aprofundam na história de uma banda ou disco, como é o caso do podcast Discoteca Básica, do jornalista Ricardo Alexandre. E o uso de músicas com direito autoral em podcasts é um assunto no qual absolutamente ninguém concorda.

Há quem defenda que basta pagar o Ecad (Escritório Central de Arrecadação e Distribuição), órgão privado que arrecada direitos autorais de músicas tocadas "em execução pública" no Brasil, seja ela nacional ou estrangeira, repassando esse valor para os artistas detentores dos direitos. Só que a internet é uma farofada que ninguém sabe lidar direito, e há histórias de podcasters que se deram mal com essa abordagem por causa de cobranças totalmente desproporcionais devido ao órgão.

Há quem defenda que "tá tudo liberado" mesmo já que a internet é uma farofada que ninguém sabe lidar direito e vamo que vamo! *Livin' La Vida Loca*.

E há quem nem pense nessa coisa de direito autoral e só usa mesmo sem nem ter a noção de que, algum dia, aquilo possa virar um problema.

Se for usar músicas, o ideal é sempre ter documentado da maneira mais formal possível sua permissão para usá-las, seja com o artista ou com a gravadora. Você pode ir atrás disso usando a mesma forma de contato exemplificada aqui neste livro para conseguir marcar conversas com convidados.

Só tenha em mente, durante todo o processo, que a edição deve apenas melhorar o que você gravou, e não consertar erros de roteiro, gravação ou direção. É claro que ela pode corrigir alguns probleminhas, mas é muito importante que você não leve isso em consideração enquanto estiver passando por todas as outras etapas do processo, para que a edição não acabe se tornando uma muleta da sua produção. É fácil até demais cair nesse vício e perder justamente aquilo que torna o seu podcast distinto.

Acho que aqui vale uma nota importante: caso algum participante ou convidado te abordar após a gravação e pedir que você remova uma fala específica, não seja o tipo de mané que enxerga o pedido como uma chance de capitalizar em polêmica ou algo assim. Quanto mais orgânico e natural seu podcast se tornar, mais à vontade todos os participantes ficarão, e é claro que podemos falar uma bobagem ou algo do qual nos arrependemos depois. É natural e provavelmente vai acontecer com você em algum momento. Então seja legal!

Daí você fez tudo certinho e bonitinho, ticou todas as caixas, botou todos os pingos nos is, escreveu, gravou, editou e tem um episódio de estreia maravilhoso para o seu podcast! Finalmente! Ah, a satisfação de ter começado o podcast... a empolgação, a adrenalina, o orgulho de ter um arquivo MP3 simplesmente perfeito, da maneira que você queria!

E agora?

CAPÍTULO 4

PUBLICANDO

Agora que você produziu algo, é hora de botar para o mundo todo ver – bem, neste caso, *ouvir*.

A primeira coisa que você precisa fazer é preparar um calendário de publicação, independentemente do seu podcast ser semanal, quinzenal, ou se ele funcionar por temporadas, com durações específicas. Pode parecer bobagem, mas esse calendário é capaz de fazer toda a diferença na periodicidade do seu programa por um motivo muito simples: quando você publicar o primeiro episódio, o ideal é que tenha pelo menos até o terceiro pronto para soltar, e toda essa produção antecipada está sujeita aos acontecimentos gerais da vida.

Logo, quando você monta um calendário (com calendário na mão mesmo, ou agenda on-line, ou algo que faça esse papel) consegue antecipar *quando* os programas precisam estar prontos e planejar tudo para não levar sustos, atrasar tudo e ter que ficar correndo atrás do próprio rabo. Lembre-se sempre de que, após a qualidade do áudio, o maior "fidelizador" de audiência é a *periodicidade*. Somos criaturas de hábito, e quanto mais fácil for para uma pessoa incluir seu podcast na sua rotina, mais gente você terá baixando seu conteúdo.

Você precisa manter a periodicidade para chegar àquele ponto no qual o ouvinte sente *ansiedade* no dia da semana que seu programa costuma sair. De fazê-lo ficar irritadíssimo e te xingar muito no Twitter se o programa atrasar. É exatamente *isso* que você quer despertar, essa necessidade atrelada ao hábito. E aqui tem o argumento de que a maneira mais fácil de fazer isso é soltar *mais* episódios, por isso a predominância de podcasts semanais nos agregadores por aí. É claro, você não precisa fazer um programa semanal, mas seu trabalho de fidelização de público é *bem* mais fácil desse jeito. É um ponto muito relevante para pensar na hora de estruturar seu podcast, já que alterar a periodicidade também altera todos os prazos e o tempo necessário para a produção dos episódios. Mesmo depois de começar a publicar seu programa, pense seriamente antes de mexer nisso, pois o efeito cascata desse tipo de mudança pode virar uma bola de neve.

É importante levar em consideração as datas especiais, os feriados e os períodos de férias, as viagens de trabalho e tudo mais que você conseguir prever enquanto estiver preparando seu calendário. Se você tiver uma equipe, lembre-se de considerar as datas de todos os integrantes, para entender como algumas delas podem não ser favoráveis para uma ou outra etapa do seu processo de produção.

DISTRIBUINDO

Com isso fora do caminho, é hora de preparar a distribuição dos arquivos pela magia da internet. Para começar, você precisa ter seu áudio final no formato MP3, que é praticamente o padrão universal da internet, por ser leve, facilmente lido por uma infinidade de programas e aplicativos e conseguir manter uma qualidade de áudio relativamente boa.

Depois, é necessário escolher sua plataforma de distribuição. Como a definição de podcast se resume a, basicamente, um arquivo de áudio distribuído por um feed RSS, suas opções são tão amplas quanto vagas, indo desde criar seu próprio site customizado do zero e montar o feed "no braço" (opção bastante comum quinze anos atrás), usar plug in de plataformas de blogging, como o WordPress ou o Blogger, ou até mesmo utilizar plataformas criadas especificamente para podcasting, como o Blubrry ou o Anchor. Algumas dessas opções são pagas, outras gratuitas ou possuem uma parte dos serviços paga.

O ideal é testar aquelas plataformas que soem adequadas para seu estilo de organização, gestão de conteúdo e tamanho da conta bancária, até encontrar a que melhor se encaixe para o seu podcast. Mas já dá para adiantar que você vai precisar de uma quantia considerável de armazenamento em um servidor, especialmente conforme seu programa ganhar corpo e seu arquivo de episódios crescer.

E, independentemente da sua escolha, vale ressaltar que quanto mais controle você tiver do arquivo RSS, aquele que compõe o feed e diz para todos os aplicativos e agregadores que seu podcast existe, melhor. É o tipo de coisa que você só vai acabar se preocupando bem mais para a frente, depois de ter adquirido mais experiência e feito um programa de sucesso.

Episódios de um podcast costumam ter um título, texto de descrição e uma capa, todas identificáveis por sites e aplicativos e usados para montar seu programa no iTunes, Pocket Casts, Spotify e por aí vai. Esses três elementos vão ser a porta de entrada do seu podcast, não importa se você está publicando o primeiro ou o centésimo episódio, então é importante ter sempre em mente que é preciso dar uma caprichada nessa parte. Podemos fazer o argumento de que a imagem é o principal elemento para capturar o ouvinte, se olharmos para as páginas de descoberta de podcasts nos principais aplicativos da podosfera.

Mas, assim como com um livro – e este livro –, não basta só publicar e ficar sentado, esperando que seu material seja descoberto e viralize internet afora única e exclusivamente pela qualidade do que você produziu.

DIVULGANDO

É possível divulgar seu podcast com pouquíssimo ou até mesmo nenhum investimento financeiro. Graças à era das redes sociais em que vivemos, qualquer um consegue construir um canal de distribuição do zero. Só é preciso estar ciente de que fazer isso – especialmente sem dinheiro – vai dar tanto trabalho quanto o podcast, se, inicialmente, não acabar dando até mais.

O primeiro passo é criar perfis nas principais redes sociais para o seu programa, mas cuidado para não se empolgar e sair pegando nome de usuário em tudo quanto é site e rede disponível – só crie se for alimentar. Antes de partir para as redes sociais mais periféricas, pode ser uma boa procurar por pesquisas que mostrem os dados demográficos dessas redes para você saber se eles batem com os dados do *seu* público.

Cada podcast vai ter uma gama diferente de assuntos para abordar nas redes sociais, e é claro que o tom precisa bater com o tom do programa. Explore bem esses limites e entenda o que funciona com a sua audiência, já que assim você não só vai ganhar uma variedade de conteúdo em vez de ficar apenas replicando quando um episódio novo sai, mas também vai começar a criar uma coisa importantíssima para a saúde do seu podcast em longo prazo: uma comunidade.

Quando as pessoas gostam de alguma coisa, elas interagem com aquele conteúdo, seja replicando a parentes, amigos e conhecidos, seja dando um feedback na forma de um comentário rapidinho ou um e-mail de quatro páginas que mais parece uma declaração de amor. Quanto mais pessoas estiverem engajadas com seu material, mais fácil será de outras pessoas entrarem para a comunidade, já que vão se identificar com os outros integrantes mais facilmente e se sentirão à vontade naquele espacinho virtual que você criou.

Uma das principais vantagens de ter uma comunidade construída em torno do seu podcast é uma estabilidade na quantidade de ouvintes, uma base a partir da qual você conseguirá expandir seu alcance de acordo com a frequência de publicação e dos temas abordados no seu programa. Outra é que você ganha instantaneamente um grupo de pessoas dispostas a defender seu material de trolls e outros subtipos de agressores virtuais que infestam as redes, garantindo a manutenção do ambiente saudável. Mais uma vantagem é que uma comunidade bem desenvolvida também vai se engajar, ao menos em parte, com qualquer coisa que você promover, o que vai se provar importante na próxima parte deste livro.

A comunidade de podcasters é bastante receptiva e inclusiva, e você, provavelmente, não terá problemas em se enturmar com outros produtores, em especial nos casos de programas que compartilham uma ou mais características. Aproxime-se dessas pessoas, pois elas poderão te ajudar a superar muitos dos obstáculos no caminho de se montar um podcast de sucesso com bem menos esforço do que o esperado. Com isso, você pode começar o novo papel de *convidado de podcasts alheios.*

Isso pode parecer bobagem ou uma tarefa focada só em massagear seu ego, mas, na verdade, é muito importante. Participar de outros programas já estabelecidos ajuda a espalhar a novidade que você traz em forma de áudio, apresentando seu projeto para várias audiências. Deixe a timidez de lado e dê a cara a tapa mesmo, falando com todo e qualquer podcaster que você ver por aí para combinar participações em seus respectivos programas.

Se o seu podcast usa convidados em seus episódios, eles também serão um vetor importante na divulgação, divulgando sua participação para suas bases de fãs e seguidores. Quando estiver acertando os pormenores da conversa com seu convidado, já combine (mesmo que seja informal demais) aquele postzinho maroto nas redes sociais com o link quando o programa sair. Isso pode dar uma bela inflada nos seus números logo de cara e tem o potencial de atrair gente que se interesse por outros episódios do seu programa.

MONETIZAÇÃO

Fazer podcasts é algo que exige, no mínimo, muito tempo de quem se propõe a entrar nessa e, queira ou não, tempo é dinheiro. Caso você consiga superar a tarefa hercúlea que é criar um programa do zero e colocá-lo no ar com relativo sucesso sem tirar um mísero centavo do bolso,
1) você é o novo Messias da podosfera; e
2) todo seu esforço e seu trabalho para chegar lá precisam ser recompensados de alguma maneira.

É aí que entra a monetização.

Mas não se empolgue: o mercado ainda é pífio nesse quesito, especialmente no Brasil. Caso você escute alguns podcasts norte-americanos, pode se espantar com a quantidade de podcasts nos quais um único anunciante investe (às vezes na mesma semana), mas mesmo lá os números não são tão animadores.

Caso vá se aventurar na monetização do seu podcast – e, se estiver levando isso tudo a sério, não existem motivos para que você não se aventure –, a primeira coisa que vai precisar é do famoso mídia kit ou *media kit*. O mídia kit é, nada mais nada menos, que uma apresentação do seu programa, com todos os dados de audiência relevantes (idade, gênero, localização, poder aquisitivo e tudo mais que você conseguir coletar), os formatos de propaganda que você oferece e o valor, bem como os contatos para o anunciante te encontrar.

Praticamente todo podcast brasileiro com um site próprio tem um espaço dedicado ao mídia kit, e eu recomendo que você acesse vários deles para comparar quais dados aparecem nesses kits e de quais formas eles são apresentados. É claro que você poderá decidir quais tipos de propaganda quer oferecer dentro do seu podcast, mas existem dois formatos básicos no Brasil: o spot, o sponsor e o podcast temático.

O *spot* é o formato mais comum, especialmente em podcasts estrangeiros. É quando acontece aquela pausa no conteúdo, que costuma variar entre trinta segundos e um minuto, e a propaganda de um produto ou serviço é feita – muitas vezes seguindo um script que não muda nem uma vírgula de um podcast para o outro.

O *sponsor* é quando você escuta "este podcast foi patrocinado por Padaria Pimpão" ou algo do tipo. A mensagem é normalmente seguida de uma frase rápida que passe a mensagem do patrocinador e um site para que o ouvinte saiba mais (na época da escrita deste livro, o podcast Foro de Teresina tinha como sponsor do primeiro bloco do programa a plataforma de streaming MUBI, fazendo o anúncio exatamente desse jeito).

Já o *podcast temático* é exatamente o que o nome sugere, com uma mensagem de sponsor e um tema escolhido para o programa que bata com o que foi anunciado ou que o patrocinador ache melhor para vender seu produto ou serviço.

E aqui deixo outra dica se você for monetizar seu programa pra valer: no fim dos episódios, crie uma vinheta com o e-mail de contato para anunciar ou o endereço com seu mídia kit (se a URL for fácil de entender quando falada).

Mas, mesmo depois de definir que tipo de propaganda você se predispõe a fazer no seu podcast, vem a pergunta ingrata: *quanto cobrar?* Bom, isso depende muito. A maioria dos podcasts faz uma conta em cima da sua média de downloads (que é um dos dados presentes em mídia kits), como forma de justificativa para a quantia cobrada. Porém, aqui entra em jogo um elemento fundamental que discutimos antes neste livro: a comunidade.

Quanto mais engajada sua comunidade for, maior será sua conversão desses anúncios. E, caso você tenha formas de comprovar essa eficácia de anúncios no seu programa (a maioria dos sites anunciantes costuma gerar cupons ou URLs específicas para os podcasts em que anunciam – cobre isso e depois peça um relatório), seu valor de base para os anúncios pode aumentar.

Não se engane: anunciantes gostam de *resultados*, e não de papagaiada.

Feito o mídia kit e seus cálculos de cobrança, é preciso que esse material chegue nas mãos de quem decide esse tipo de coisa, e o jeito mais óbvio é aquele que citei para você elaborar sua pesquisa de referências nos sites dos podcasts. Mas fazer um podcast e esperar que alguém escute e anuncie é o mesmo que publicar um livro e colocar na estante da livraria – prepare-se para ter uma quantia considerável de trabalho *depois* de gravar seu programa.

Muitos dos anunciantes utilizam agências de publicidade para decidir por eles como e quando gastar a verba de propaganda, então é importante que você se insira nesse mercado; procure e-mails das pessoas que trabalham nesses lugares (principalmente em agências especializadas em propaganda digital) e apresente seu programa, enviando o mídia kit anexo (olha aí mais uma aplicação para o LinkedIn!). O mesmo vale para aquele(a) amigo(a) de um(a) amigo(a) que trabalha no departamento de marketing de uma multinacional; só não se esqueça de ter o maior bom senso possível na sua abordagem. E não insista (muito), como você já sabe, o mercado para podcasts é bem pequeno.

Mas existem outras formas de ganhar dinheiro com seu programa, que nasceram na última grande virada da internet: as plataformas de crowdfunding e assinatura de conteúdo.

A vantagem de usar uma dessas plataformas é que você pode ter uma estrutura de captação de recursos pronta desde o primeiro episódio, e, conforme construir sua comunidade engajada, o valor que você receber vai aumentando, até superar seus custos de produção no melhor cenário possível. Essas ferramentas são boas também para solidificar sua comunidade e fazê-la crescer, já que as campanhas costumam dar recompensas especiais a quem apoia o podcast financeiramente, variando de acordo com a quantia. Dê uma boa olhada em sites como Catarse, Patreon, Padrim e relacionados (perdão, editora, por ficar datando o livro em cada capítulo) e veja quais ideias de recompensa e de divisões de quantia funcionam para o seu caso.

É nessas plataformas que seu espírito vendedor deve brilhar mais do que nunca, para que todo mundo que cair ali entenda como é vantajoso apoiar seu podcast; que todo mundo perceba como eles *fazem parte* do seu programa graças ao financiamento coletivo.

Caso você não queira passar por tudo isso, mas ainda precisa de uma força na conta bancária, existe outra opção: buscar uma produtora.

Algumas produtoras, como a Half Deaf (autojabá, minha gente), buscam programas constantemente para atualizar seu portfólio, e você pode tentar vender sua ideia de podcast para uma delas. Nesse caso, a produtora se encarregará da edição, boa parte da divulgação e de toda a monetização do seu material. E é aqui que lidamos com uma faca de dois gumes: quanto mais único seu podcast for, mais interessante ele será para a produtora (pois há potencial de atingir um público diferenciado, atraindo mais anunciantes), mas você terá que abrir mão da autonomia para produzir o programa.

A partir do momento em que você vende seu podcast para uma produtora, terá que seguir uma série de regras e concessões feitas pela empresa para garantir que seu programa tenha o maior potencial de monetização possível. Pense muito bem antes de partir para essa linha se o controle total é mais a sua praia.

Mas como se vende um podcast para uma produtora? É mais fácil do que todo esse processo árduo e doloroso de produção que foi descrito até aqui? Não. Definitivamente, não.

Para chegar a uma produtora – que estiver procurando material novo, a não ser que seu podcast seja tão bom, incrível e revolucionário que você possa chegar oferecendo sem uma demanda existente – é preciso preparar seu pitch de venda, que é, basicamente, um resumo do que é seu podcast e como ele funcionaria. É a hora de vender o conteúdo que você quer fazer.

É claro que, para preparar um pitch sólido, é necessário passar por todas as etapas da elaboração de um podcast (ter um piloto gravado pode ajudar, aliás) e, ainda por cima, envelopar tudo de uma maneira que pareça ainda melhor do que é, especialmente no que diz respeito ao potencial de audiência e de conversão em anúncios. É difícil e pode ser bastante ingrato, ainda mais se esse tipo de apoio de produção for indispensável para seu podcast existir, já que as chances de vender um pitch são ainda menores do que a de vender um spot num programa já existente.

Se você conseguiu aguentar até aqui, meu caro leitor, primeiramente, parabéns! Você é um guerreiro! Acho que não falta te dizer mais nada que eu consiga imaginar para que sua ideia de podcast deixe de ser uma ideia e se transforme em um arquivo MP3 vagando pela internet por meio de um feed. A não ser...

CAPÍTULO 5

SE JOGA!

E chegamos ao fim deste livro, caro leitor. Pois é, o fim. Inclusive, já pode fechá-lo e partir para a produção do seu podcast.

Brincadeira, ainda tenho umas coisinhas para dizer. Ainda está aí? Ótimo! Vamos lá!

Aproveite que o podcast tem todas essas características maravilhosas de experimentalismo e flexibilidade e parta para cima sem dó: não existem ideias inutilizáveis, não há uma única fórmula para criar um podcast de sucesso e, acima de tudo, não existe uma maneira melhor de fazer seu programa do que à *sua* maneira.

Uma das grandes vantagens do meio é que ele sempre te dá um retorno proporcional à energia que você investe, além de ser uma das pouquíssimas formas de comunicação que te permite brincar com tentativa e erro, se adaptando às vezes de uma semana para a outra atrás do formato ideal tanto para você, criador, como para o seu ouvinte.

O podcast te permite fazer algo muito sério, com um potencial enorme e que não será esquecido em breve. E também te dá uma forma de ter uma válvula de escape com amigos, de discutir o que mais te agrada no seu tempo livre ou só para fazer uma loucura. Tudo bem também. Não importa qual é a sua paixão, ela transparecerá cristalina para quem te escuta se você colocá-la na produção.

No fim das contas, eu te enganei bonito. Tudo que eu coloquei aqui neste livro não passam de meras sugestões: algumas dicas são atalhos para que você não passe pelos mesmos problemas que passei, outras são boas práticas que podem te ajudar a fazer certas etapas de um jeito mais prático, rápido e eficiente que o meu jeito viciado de produzir programas.

Use seus pontos fortes, independentemente de quais forem. Faça tudo do jeito que achar melhor, que parecer mais natural, que funcionar para você e para todos os outros envolvidos no seu podcast. Faça o total oposto do que todas estas páginas indicaram, se precisar, mas faça. O podcast é tão orgânico que pode tanto virar a nova referência de comunicação num futuro próximo como entrar em colapso e deixar de existir em seis meses. É um meio completamente democrático, mantido pela pura força de vontade de quem produz esse tipo de material.

Enquanto estiver fazendo, especialmente no começo, lembre-se de que o desenvolvimento é muito mais complicado e doloroso que o fazer propriamente dito.

Você vai chegar lá, não se preocupe. Não precisa correr, nem se preocupe demais com dinheiro: a diferença entre produzir um podcast com 2 reais ou 2 mil é bem pequena, no fim das contas.

E, se tudo der errado, sempre dá para recomeçar com um novo formato ou um novo programa. O importante é continuar... Ou não, também.

No fim das contas, espero que estas páginas (quantas foram? Não faço ideia do tamanho da lombada deste livro) tenham te dado um direcionamento para catalisar sua empolgação e sua criatividade. Não tenho dúvida de que você terá uma ideia que vai gerar um podcast, no mínimo, interessante de ouvir. E, depois do primeiro episódio ir ao ar, o céu é o limite.

Cast away.

AGRADECIMENTOS

Agradeço ao Fernando Barone, meu ghost-writer, à minha mãe e ao meu pai, *nessa ordem*. Também deixo meus gentis agradecimentos à Amanda Legli, que transcreveu as entrevistas; a Ives Aguiar, que as traduziu. Aos comunicadores Pedro Batalha, Ananias Jr. e Robert Ashley, que concederam seu tempo. Por fim, obrigado à Luiza Lewkowicz e Clarissa Melo, da Editora Planeta, graças a quem vou ganhar mais um dinheirinho. Agradeço também aos amigos, em especial a você, que sabe quem é.

**Acreditamos
nos livros**

Este livro foi composto em Libre Castlon
e impresso pela Geográfica para a Editora
Planeta do Brasil em maio de 2021.